农村留守儿童问题研究

魏义方
张本波
等著

企业管理出版社
EMPH
ENTERPRISE MANAGEMENT PUBLISHING HOUSE

图书在版编目（CIP）数据

农村留守儿童问题研究 / 魏义方等著 . —北京 : 企业管理出版社，2021.10
ISBN 978-7-5164-2423-0

Ⅰ . ①农…　Ⅱ . ①魏…　Ⅲ . ①农村 – 儿童 – 社会问题 – 研究 – 中国　Ⅳ . ① D669.5

中国版本图书馆 CIP 数据核字（2021）第 125083 号

书　　名：农村留守儿童问题研究
书　　号：ISBN 978-7-5164-2423-0
作　　者：魏义方　张本波　等
策　　划：侯春霞
责任编辑：侯春霞
出版发行：企业管理出版社
经　　销：新华书店
地　　址：北京市海淀区紫竹院南路 17 号　　邮编：100048
网　　址：http://www.emph.cn　　电子信箱：pingyaohouchunxia@163.com
电　　话：编辑部（010）68420309　　发行部（010）68701816
印　　刷：北京虎彩文化传播有限公司
版　　次：2021 年 12 月第 1 版
印　　次：2021 年 12 月第 1 次印刷
开　　本：700mm × 1000mm　　1/16
印　　张：10.75 印张
字　　数：130 千字
定　　价：68.00 元

前　言

儿童是国家的希望和未来。农村留守儿童问题是我国城镇化进程中的阶段性问题，不仅关系儿童自身的健康成长，也关系家庭幸福、社会稳定乃至国家未来发展。党和政府高度重视农村留守儿童问题，党的十九届四中全会提出要“完善农村留守儿童和妇女、老年人关爱服务体系”，把解决儿童留守问题作为政府的优先工作。近年来，我国农村留守儿童关爱保护工作取得了明显进展，农村留守儿童关爱服务体系初步形成，农村留守儿童数量从2016年的902万余人减少至2018年的697万余人。然而，当前农村留守儿童规模依然较大，由于长期缺乏父母的关爱和有效监护，其身心健康和长远发展都受到很大影响。针对新形势下面临的新挑战，进一步完善农村留守儿童关爱服务体系，提升服务能力和服务水平，有利于推动农村留守儿童关爱服务向更深层次、更高质量发展，有助于促进农村留守儿童健康成长，提升农村留守儿童的幸福感、获得感和安全感。

本研究聚焦农村留守儿童关爱保护服务需求，梳理现有针对农村留守儿童的政策和措施，分析农村留守儿童关爱保护服务供需缺口，提出完善农村留守儿童关爱服务体系、提升服务质量、增强服务可及性的政策建议。本研究发现，就学升学两难、随迁成本高、家庭理念因素等是造成儿童留守的主要因素，农村留守儿童关爱服务需求呈现由注重生存向注重发展转变等特征。同时，关爱服务供给在服务主体、内容和方式等方面还存在短板。建议坚持儿童优先、标本兼治，以需求为导向，分类施策，优化农村留守儿童关爱服务供给体系。

2020年，联合国儿童基金会委托中国宏观经济研究院社会发展研究所开展“农村留守儿童关爱服务问题研究”，本书是在课题研究成果基础上形成的，包括主报告、专题报告和附录。各部分主要执笔人为：主报告魏义方、张本波，专题报告一纪竞垚，专题报告二侯胜东，专题报告三魏义方、张本波，专题报告四魏义方，附录一纪竞垚（整理），附录二魏义方，附录三魏义方（整理）。蔡潇彬、魏国学等参与了调研和报告讨论。

研究过程中，国家发展改革委社会发展司黄伟茹、曹亚鹏等协助完成研究设计并协调实施调研，联合国儿童基金会李岱昕、倪珊等对项目进行了全程指导，民政部儿童福利司邹明明调研员、首都经济贸易大学茅倬彦教授、中国财政科学研究院樊轶侠研究员等专家提出了宝贵意见，安徽省发展改革委、安徽省宿州市发展改革委协助组织调研并提供了有价值的观点和材料，西北师范大学经济学院李天建副教授、安徽师范大学教育科学学院郑筱妍副教授以及江苏省徐州市梁集镇镇长李昕等协助开展问卷调查，在此一并致谢！

本书研究成果只代表课题组观点，欢迎各位读者批评指正。

课题组

2021年2月

目 录

主报告

专题报告

附　录

主报告

农村留守儿童关爱服务供需分析

一、研究背景与研究目标

（一）研究背景

儿童是国家的希望和未来。随着工业化、城镇化的快速推进，我国农民工规模持续增长，且外出农民工规模明显超出本地农民工规模。根据国家统计局抽样调查结果，2019 年我国农民工总量达 2.9 亿人，其中，外出农民工 1.74 亿人，占农民工总量的 60%（见图 1）。

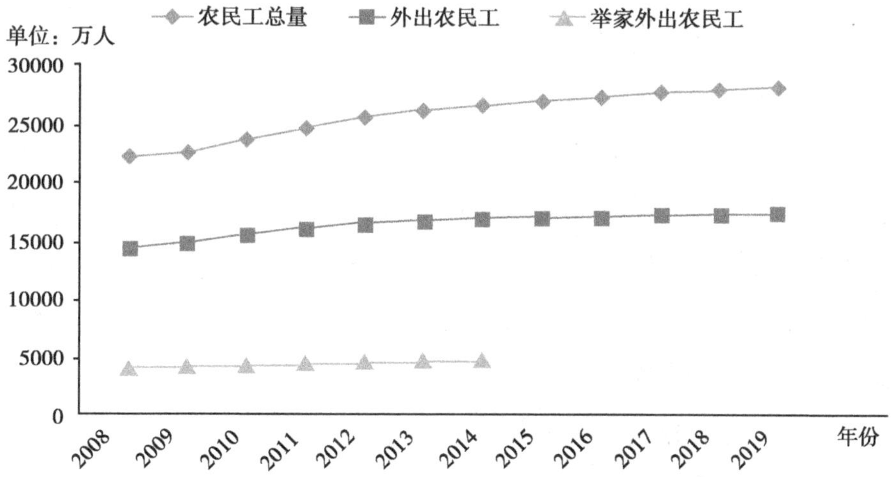

图 1　农民工、外出农民工、举家外出农民工数量

资料来源：国家统计局《2019 年农民工监测调查报告》。

受各种因素的影响，规模庞大的外出农民工中，仅有极少部分举家外出务工（2% 左右）。大量外出务工农业转移人口将未成年子女留在家乡，产生大量农村留守儿童。这些儿童长期缺乏父母的关爱和有效的监护，其身心健康和长远发展受到影响。留守儿童问题不仅关系儿童自身的健康成长，也关系家庭幸福、社会稳定乃至国家未来发展。

在实践层面，我国政府高度重视留守儿童问题，并积极开展农村留守儿童关爱保护工作。近年来，我国农村留守儿童关爱保护工作取得了重要进展，但当前农村留守儿童关爱服务体系建设仍存在短板，国家基本公共服务清单中并未明确关爱服务的具体内容和标准。党的十九届四中全会提出要“完善农村留守儿童和妇女、老年人关爱服务体系”。因此，迫切需要开展农村留守儿童关爱服务问题研究，针对新形势下面临的突出问题，弥补儿童福利服务短板，提升农村留守儿童关爱服务能力，推动农村留守儿童关爱服务向更深层次、更高质量发展，促进农村留守儿童健康成长，提升农村留守儿童的幸福感、获得感和安全感。

（二）研究对象与研究方法

1. 研究对象

目前学术界对于留守儿童的界定并未达成一致，不同研究者对留守儿童的界定有所差异，其主要分歧在于对父母外出范围、照护能力等以及儿童的年龄和户籍的内涵有不同的理解。一些学者将父母双方或者一方外出流动，自身却继续生活在户籍登记地，因而不能与父母双方共同生活的儿童定义为留守儿童；一些学者认为留守儿童是指父母至少一方跨县外出，不能和父母双方共同生活在一起的 18 岁以下儿童；还有一些学者指出通过农村户籍限定对农村留守儿童进行界定会造成社会不公并在政策落实上难以执行到位，建议取消户籍限定，改为以实际居住地进行界定（段成荣，2015；姜玉，2016；梁富强，2019）。全国妇联儿童工作部和中国人民大学人口与发展研究中心课题组（2013）将农村留守儿童界定为父母双方或一方从农村流动到其他地区，孩子留在户籍所在地的农村地区，并因此不能和父母双方共同生活在一起的18岁以下儿童。

在相关政策文件①制定和执行中，将留守儿童界定为父母双方外出务工或一方外出务工另一方无监护能力、不满16周岁的未成年人，将农村留守儿童界定为农村户籍的留守儿童。考虑到城乡统一户口登记制度的实施②，建议以实际居住地替代“农村户籍”作为农村留守儿童的认定标准。本研究将农村留守儿童界定为“父母双方外出务工或一方外出务工另一方无监护能力，在农村地区生活的，未满16周岁的未成年人”。

2. 研究方法

该研究将主要采取文献研究、问卷调查和深度访谈等研究方法。在调查对象的选取上，考虑到儿童（尤其是低龄儿童）所表达的需求很难与自己的实际意愿完全匹配，同时考虑到农村留守儿童群体的特殊性，为了防止对农村留守儿童的心理造成伤害，问卷的调查对象选取熟悉农村留守儿童情况的监护人或照料人、村干部或儿童主任、中小学校长或班主任等。课题组与民政、教育、妇儿工委等部门以及代表性社会组织、儿童福利机构等有关单位开展座谈，前往留守儿童较多的农村

---

① 如《国务院关于加强农村留守儿童关爱保护工作的意见》（国发〔2016〕13号）、《国务院关于印发“十三五”推进基本公共服务均等化规划的通知》（国发〔2017〕9号）。

② 2014年7月30日，国务院发布《关于进一步推进户籍制度改革的意见》（国发〔2014〕25号）（以下简称《意见》），将“建立城乡统一的户口登记制度”，稳步推进城镇基本公共服务覆盖全部常住人口作为户籍制度改革的发展目标之一。《意见》明确提出取消农业户口与非农业户口性质区分和由此衍生的蓝印户口等户口类型，统一登记为居民户口。

等，对村干部、儿童主任、留守儿童班主任、留守儿童监护人等进行深度访谈。

（1）文献研究。本研究将通过系统的案头工作对农村儿童和农村留守儿童关爱保护服务政策进行梳理和总结，对现有的农村留守儿童服务体系进行回顾。

（2）实地数据收集。本研究对农村留守儿童关爱保护服务政策的实施情况进行分析，包括服务送达以及有效性和效率情况。为此，本研究采取实地调查方法，围绕农村留守儿童关爱服务，选取农村留守儿童监护人、相关政府部门工作人员以及服务提供者等作为具体调查对象，收集相关定性与定量信息。

一方面，通过半结构化问卷调查方式收集农村留守儿童关爱保护服务的量化信息。问卷的调查对象包括村干部或儿童主任、中小学校长或班主任、农村留守儿童监护人，以此全面了解农村留守儿童关爱保护服务的供给现状和需求信息。

另一方面，开展半结构化深度访谈，通过与民政、政法、网信、教育、财政、人社、卫健等部门有关人员，代表性社会组织、儿童福利机构、未成年人救助保护机构等机构有关人员，以及留守儿童较为集中的中小学的校长进行座谈，了解农村留守儿童关爱保护工作情况以及关爱服务供需情况等。

在调查样本的选取上，为了全面了解不同地区的农村留守儿童情况，我们从中部、东部、西部分别选取了代表性省份。对中部地区，我们选取了农村留守儿童数量较多的安徽省①；对东部地区，我们选取了农业转移人口流入大省江苏省；对西部地区，我们选取了农村留守

① 根据民政部公布的数据，2018 年安徽省农村留守儿童总人数为 73.6 万人，仅次于四川省（76.5 万人），农村留守儿童规模居全国第二位。

儿童数量下降明显的甘肃省①。平均每个省选取农村留守儿童较多的2个县，每个县选取2~3个村。每个村选择5~6名留守儿童监护人或照料人，1~2名儿童主任或村干部，1名校长或班主任，合计调查总样本量为152人。

主要研究方法如表1所示。

表1　主要研究方法

研究方法	研究对象	收集的信息	信息类型
问卷调查	1. 农村留守儿童监护人 2. 校长或班主任 3. 村干部或儿童主任	关爱服务供给和需求信息，包括： 1. 农村留守儿童接受到的服务 2. 额外需要的支持 3. 服务送达障碍 4. 政策建议	定量与定性
深度访谈	1. 中央和地方政府部门（民政、卫健、教育等） 2. 服务提供者（村干部或儿童主任，儿童福利机构，社会组织等） 3. 留守儿童监护人	对问卷获取信息的补充	定性

（三）农村留守儿童现状与特征

1. 规模总量上，农村留守儿童数量持续减少

受农村留守儿童关爱保护力度加大、农民工返乡留乡增多等多种因素影响，农村留守儿童数量近年来持续减少。民政部全国农村留守儿童和困境儿童信息管理系统统计信息显示，我国农村留守儿童规模2018年为697万余人，与2016年全国摸底排查数据相比，减少约205万人。其中，山西、辽宁、吉林、福建、海南、陕西、甘肃下降

① 2016—2018年，甘肃省农村留守儿童数量减少了40%以上，远高于全国同期22.7%的平均水平。

比例在 40% 及以上，江西、山东、重庆、贵州下降比例在 35%~39%，浙江、广西、青海下降比例在 20%~34%，黑龙江、江苏、安徽、河南、湖南、广东、四川、云南下降比例在 12%~20%。

2. 地区分布上，农村留守儿童集中在中部和西部地区

从地区分布看，农村留守儿童主要集中在外出农民工数量较多的中部和西部地区。2018 年，中部和西部 7 省农村留守儿童数量占全国的 70%（见图 2）。其中，四川农村留守儿童规模最大，为 76.5 万人，其次为安徽、湖南、河南、江西、湖北和贵州，以上 7 省农村留守儿童总人数为 484.4 万人。从监护情况看，96% 的农村留守儿童由祖父母或者外祖父母隔代照料，其余的 4% 是由其他亲友照料。

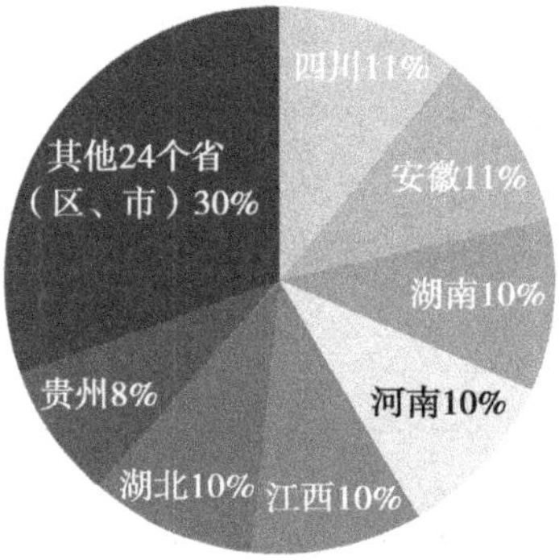

图 2　2018 年全国农村留守儿童分布情况

资料来源：根据民政部网站数据整理得到。

3. 年龄分布上，农村留守儿童集中在义务教育阶段尤其是小学阶段，且占比呈上升趋势

从年龄分布上看，农村留守儿童主要集中在义务教育阶段，尤其是小学阶段。2018 年，各省份农村留守儿童中 6~13 周岁儿童占比均在半数以上，总体上，全国农村留守儿童中 6~13 周岁儿童占 67.4%，0~5 周岁儿童占 21.7%，14~16 周岁儿童占 10.9%。义务教

育阶段农村留守儿童所占比重2016年为65.3%，2018年进一步提高至78.2%，增加了12.9个百分点。2018年，6岁以上农村留守儿童占全国农村地区中小学在校生的16.5%，其中6~13周岁儿童占农村小学学生的比重达17.6%，占农村初中学生的比重为11.7%。也就是说，农村平均每100个小学生中就有17个留守儿童，每100个初中生中有11个留守儿童。

二、农村留守儿童现象产生的原因分析

挖掘农村留守儿童现象背后的原因，有助于更好地破解农村留守儿童问题，也是有效提供农村留守儿童关爱服务的重要基础。在对农村留守儿童监护人和乡镇村基层干部进行的深度访谈和问卷调查中，当问及阻碍农村留守儿童家长将子女带进城生活的原因时，“上学难、上学贵”被列为重要原因，没时间和精力照看、工作不稳定、父母不重视等也是普遍反映的制约因素。

从具体调查数据来看，超过五成的受访监护人表示，留守儿童的父母难以有精力和时间来照看孩子；超过1/5的受访监护人认为，城市的生活成本高是留守儿童父母选择将子女留下的原因之一；此外，有近两成的父母没有意识到留守对儿童成长带来的影响，在观念上认为留守并不是问题。

（一）就学升学两难

一方面，在迁入地面临入学困难。受访农村留守儿童监护人普遍表示，孩子难以在父母务工地上学，或在父母务工地上学花费太高，是造成当地留守儿童现象的主要原因。国家统计局2019年的调查数

据也显示，五成以上的农民工反映随迁子女在城市上学面临问题。

另一方面，在迁入地和迁出地升学都受到限制。除了入学以外，受访者还反映，随迁子女面临无法顺利参加中考、高考等升学难题。在高中考大学阶段，随迁子女无法在父母务工地参加高考。在初中升高中阶段，教育部门规定必须有本地三年学籍才能升入本地高中，因而农民工子女在整个初中阶段只能选择留守，进而导致农民工子女随迁就读小学的意愿大大降低。

（二）子女随迁成本高

首先，农民工收入偏低，随迁子女生活支出压力大。农民工在城市打工，往往面临生活成本高和收入低的矛盾，如果将子女带在身边，会面临更大的经济压力，特别是随迁子女上学费用高的问题突出。访谈中多位监护人提及这一问题："进不了公立小学，把孩子带上的话，只能进私立学校，挣的钱还不够孩子上学的。""打工子弟学校一学期学费要一万，加上补习的费用，一年下来要三万以上。"

其次，农民工流动性高，工作和居住的稳定预期偏低。农民工的工作稳定性相对较低，很多人难以在一个地方稳定工作和居住，较高的流动预期也增加了子女随迁的难度。

最后，农民工超时劳动现象普遍，无暇照料子女。从农民工就业行业来看，以制造业、建筑业等劳动密集型行业为主，农民工超时劳动现象非常普遍，且没有稳定的工作预期。国家统计局发布的《2015年农民工监测调查报告》显示，85%左右的农民工每周工作超过44小时，四成左右的农民工每天工作超过8小时。问卷调查中约85%的留守儿童父母每天工作时间在8小时以上，近30%的父母每天工作时间超过10小时。

（三）家庭理念因素

除了外在因素之外，农村留守儿童家庭理念问题也是造成儿童留守的重要因素，即父母对儿童留守问题缺乏认识，不了解长期留守对孩子和家庭造成的负面影响。农村留守儿童家长普遍缺乏家庭教育的知识和能力。一些家长认为孩子不上学也可以生活得很好，调研反映大多数农村留守儿童初中毕业就外出务工；还有部分家长认为教育是学校的事情，家长的责任就是让孩子吃饱穿暖，尽量满足他们的物质需要。

三、农村留守儿童关爱服务供给与政策回顾

（一）各级政府：顶层设计与地方探索共同推进

农村留守儿童关爱服务项目是政府部门为农村留守儿童提供公共服务的重要载体。近些年，中央和地方政府纷纷出台了系列政策文件，为综合、全面、个性化地为农村留守儿童提供关爱服务项目奠定了制度基础。同时，基于我国的特殊国情，中央政府在关爱服务项目的供给过程中发挥了重要的统筹作用，而地方政府基于实践创新性地推出了符合本地情况的服务项目，为提升农村留守儿童的安全感、幸福感发挥了重要的依托作用。从中央和各地出台农村留守儿童关爱服务政策的情况来看，“十三五”时期是农村留守儿童关爱服务相关政策出台较为密集的一个时期。国务院出台的农村留守儿童关爱服务相关政策涉及诸多领域，如人口与计划生育、妇女儿童工作、科技、教育、综合服务、卫生、体育、民政、扶贫、救灾等。

1. 中央层面

（1）服务体系建设。近年来，在中央政府层面，农村留守儿童关爱服务体系建设相关顶层设计持续推进。

一是建立健全服务体系。2016年2月，国务院印发《关于加强农村留守儿童关爱保护工作的意见》，这是首次专门针对农村留守儿童这一群体出台文件，并明确了政府部门的主导责任，对农村留守儿童关爱保护做出了专门制度性安排。2019年4月，民政部等十部门联合制定出台了《关于进一步健全农村留守儿童和困境儿童关爱服务体系的意见》，提出了进一步健全农村留守儿童关爱服务体系的具体举措。此外，教育、卫健等相关部门从教育关爱、健康关爱等不同方面制定出台了相关文件。

二是建立领导协调机制。2016年3月，国务院办公厅批准建立农村留守儿童关爱保护工作部际联席会议制度①，省、市、县各级均建立了由政府分管负责同志担任牵头人或召集人的领导协调机制。

三是加强基层儿童工作队伍建设。2016年国务院出台文件，首次要求全国的村（居）委员会设立儿童主任。到2020年，名义上，全国基本实现儿童主任、儿童督导员全覆盖，共设立乡镇（街道）儿童督导员4.8万名、村（居）儿童主任66.3万余名，并实行实名制管理（联合国儿童基金会和北京师范大学中国公益研究院，2020）。

四是开展专项行动。例如，民政部、中央综治办等八部门联合开展了“合力监护、相伴成长”关爱保护专项行动，国家卫生健康委启动实施了贫困地区农村留守儿童健康教育项目，民政部组织开展了全国农村留守儿童和困境儿童关爱保护“政策宣讲进村（居）”活动，等等。

（2）服务项目梳理。从中央层面来看，党的十八届三中全会、五

① 2018年调整为农村留守儿童关爱保护和困境儿童保障工作部际联席会议制度。

中全会明确提出要建立健全农村留守儿童关爱服务体系。《国民经济和社会发展第十三个五年规划纲要》将农村留守儿童关爱保护列为基本公共服务内容。2016年，国务院印发《关于加强农村留守儿童关爱保护工作的意见》(以下简称《意见》)，明确提出要从源头逐步减少儿童留守现象，实现到2020年儿童留守现象明显减少的目标。作为首个针对农村留守儿童的顶层设计文件，《意见》明确提出要完善农村留守儿童关爱服务体系，包括强化家庭监护主体责任，落实县、乡镇人民政府和村（居）民委员会职责，加大教育部门和学校关爱保护力度，发挥群团组织关爱服务优势，以及推动社会力量积极参与。从服务项目的政策供给来看，近年来中央各部委出台了系列政策文件，不断强化农村留守儿童关爱服务供给，使得农村留守儿童关爱服务项目不断完善和充实（见表2）。

表2　全国层面农村留守儿童关爱服务项目

类别	服务类型	服务项目	服务对象	内容	依据
儿童发展类	安全	定期走访，信息排查	农村留守儿童、困境儿童、散居孤儿	负责农村留守儿童、困境儿童、散居孤儿等信息动态更新，建立健全信息台账；加强对困境儿童、农村留守儿童、散居孤儿的定期走访和重点核查	《关于进一步健全农村留守儿童和困境儿童关爱服务体系的意见》
	安全	强制报告	农村留守儿童	发现农村留守儿童脱离监护单独居住生活或失踪、监护人丧失监护能力或不履行监护责任、疑似遭受家庭暴力、疑似遭受意外伤害或不法侵害等情况的，应当在第一时间向公安机关报告	《关于加强农村留守儿童关爱保护工作的意见》

续表

类别	服务类型	服务项目	服务对象	内容	依据
儿童发展类	安全	应急处置	农村留守儿童	完善应急处置机制。公安机关要及时受理有关报告，第一时间出警调查，有针对性地采取应急处置措施	《关于加强农村留守儿童关爱保护工作的意见》
	健康	保健服务和疾病防治	0~6岁儿童	做好国家基本公共卫生服务项目中的0~6岁儿童健康管理服务；对农村留守儿童较为集中的学校加强疫情监测，及时做好疫情处置	《关于做好农村留守儿童健康关爱工作的通知》
	健康	健康教育	农村留守儿童	根据农村留守儿童的特点和需求，有针对性地开展科学喂养、营养膳食指导、卫生习惯与健康行为、青春期性与生殖健康、心理健康、意外伤害预防与自我防护等方面的健康教育活动	《关于做好农村留守儿童健康关爱工作的通知》
	教育	控辍保学	农村留守儿童	督促监护人送适龄儿童、少年入学并完成义务教育；落实免费义务教育和教育资助政策，确保农村留守儿童不因贫困而失学	《关于加强农村留守儿童关爱保护工作的意见》
	心理	心理健康教育	农村留守儿童	支持和指导中小学校加强心理健康教育，促进学生心理、人格积极健康发展，及早发现并纠正心理问题和不良行为	《关于加强农村留守儿童关爱保护工作的意见》
	心理	心理疏导	农村留守儿童	有针对性地为精神关怀缺失、遭受家庭创伤等儿童提供人际调适、精神慰藉、心理疏导等专业性关爱服务，促进身心健康	《关于进一步健全农村留守儿童和困境儿童关爱服务体系的意见》

续表

类别	服务类型	服务项目	服务对象	内容	依据
家庭赋能类	监护监督	监护干预	农村留守儿童	乡镇人民政府（街道办事处）和村（居）民委员会要加强对监护人的法治宣传、监护监督和指导，督促其履行监护责任，提高监护能力。 强化监护干预机制	《关于加强农村留守儿童关爱保护工作的意见》
	抚养指导	家庭教育指导	农村留守儿童	妇联要依托妇女之家、儿童之家等活动场所，为农村留守儿童和其他儿童提供关爱服务，加强对农村留守儿童父母、受委托监护人的家庭教育指导，引导他们及时关注农村留守儿童身心健康状况，加强亲情关爱	《关于加强农村留守儿童关爱保护工作的意见》
	抚养指导	喂养指导	农村留守儿童	对农村留守儿童监护人进行营养与喂养、疾病预防等方面的科学指导	《关于做好农村留守儿童健康关爱工作的通知》
	源头治理	城市融入、返乡支持	农村留守儿童	推进农民工市民化，为其监护照料未成年子女创造更好条件；引导扶持农民工返乡创业就业	《关于加强农村留守儿童关爱保护工作的意见》

资料来源：根据相关政策整理得到。

2. *地方层面*

在地方政府层面，各地积极开展农村留守儿童关爱保护工作，创新农村留守儿童关爱服务供给。

一是探索制定地方服务标准。安徽省率先在全国出台首个省级儿童主任服务规范，针对农村留守儿童关爱服务，提出了定期走访、信息上报、监护评估、监护指导、监护确认、强制报告、亲情抚慰、心理疏导、安全教育九个方面的具体服务标准。

二是推进儿童之家等机构建设。安徽省民政部门通过统筹福彩公益金、引入社会资本，加快村（居）儿童之家建设。贵州省明确规定了儿童之家的建设标准。湖南省给予每个儿童之家 3 万元的经费补贴。

三是加大财政投入力度。安徽省六安市金寨县将村（居）儿童之家运转经费纳入财政预算，按照每个儿童之家 2 万元的标准提升服务水平。湖南省、广西壮族自治区和宁夏回族自治区建立了省级层面的儿童主任津贴制度，分别按照每人每月 200 元、100 元、300 元的标准给予儿童主任补贴。

受地方经济发展水平、财政支出能力以及社会组织发育程度的影响，当前我国区域间农村留守儿童服务项目的供给质量差距较大。从数量上看，广东、江苏等经济发达地区所提供的服务项目较为丰富，而中西部地区等经济欠发达地区的服务项目数量较少。从社会组织所提供的关爱服务项目来看，经济发达地区中由社会组织所提供的服务项目较为丰富，并且不仅覆盖到了农村留守儿童，而且惠及了城市留守儿童。

（二）学校：建立健全教育关爱体系

一是改善寄宿制学校条件，建设儿童之家。加快农村寄宿制学校标准化建设进程，为留守儿童提供良好的学习和生活条件。依托学校闲置校舍建设留守儿童之家，配置亲情电话、视频聊天设备，添置少儿图书、体育活动器材等，为农村留守儿童提供安全可靠、管理有序的校外活动场所。

二是建立农村留守儿童档案，并开展定期或不定期的教师家访。对留守儿童实行动态监测和管理，对发现的突出问题积极反馈，并做好跟踪处理。组织教师定期或不定期对留守儿童进行家访，及时了解和反馈学生的生活、学习情况。

（三）社会：社会组织、志愿者合力关爱

一是通过政府购买服务支持社会组织提供专业服务。民政部门将农村留守儿童关爱保护和困境儿童保障纳入政府购买服务指导目录，支持社会组织为农村留守儿童和困境儿童提供多种形式的专业服务。以安徽省为例，全省2019年度累计实施政府购买农村留守儿童关爱保护和困境儿童保障服务项目74个，项目涵盖信息排查、监护评估、个案干预、心理疏导、工作培训等多个方面。

二是社会力量推动关爱服务方式创新。联合国儿童基金会、北京师范大学中国公益研究院和民政部自2010年起在全国百县千村开展中国儿童福利示范项目，创新性地组建了儿童福利主任基层队伍，为包括农村留守儿童在内的弱势儿童及其家庭提供急需的福利支持。安徽省蚌埠市民政部门与爱佑基金会合作开展“叠加监护”项目，对监护情况较差的农村留守儿童安排一名辅助监护人，给予辅助监护人每人每月350元的工作补贴，既有效缓解了基层工作力量不足的问题，又聚焦儿童需求，提升了农村留守儿童监护质量。

四、农村留守儿童关爱服务需求分析

相关研究普遍认为，由于家庭监护功能的弱化，在农村留守儿童营养健康、教育发展、心理健康、安全保障等方面，家庭收入提高带来的正面影响难以抵消照顾缺失带来的负面影响（邬志辉和李静美，2015；孙文凯和王乙杰，2016；秦敏和朱晓，2019）。那么，当前，

农村留守儿童总体上存在哪些服务需求？现阶段的服务需求有哪些特点和趋势？本部分从儿童自身发展需求和农村留守儿童家庭需求两个视角探讨现阶段农村留守儿童关爱服务需求及其特征。

（一）儿童生存发展需求

1. 安全保障——需要更加关注监护盲区

安全保障是农村留守儿童的重要需求之一。父母的长期缺位可能让留守儿童遭受意外伤害或成为不法分子侵害的对象。从调查情况来看，地方各级政府部门以及学校开展了定期走访、安全教育等服务，在保障农村留守儿童安全方面取得了较为明显的效果。但相对于非留守儿童，监护人对留守儿童的监护往往存在更多的盲区。

农村留守儿童绝大部分为老人隔代监护，老人文化水平偏低，且往往同时照料多个孩子。原国家卫生计生委 2017 年在全国 12 个省（区、市）27 个县的调查显示，接近 95% 的农村留守儿童的主要监护人为祖父母或外祖父母，监护人平均年龄为 58.2 岁，文化程度在小学以下者占 70% 以上。课题组 2020 年在 3 省 6 县 18 村的问卷调查显示，农村留守儿童中约 76% 由（外）祖父母代为照料，约 17% 由亲戚代为照料，还有 7% 左右由邻居、父母的朋友等代为照料。

课题组调查显示，农村留守儿童监护人普遍年龄较大，学历水平不高，且多数需要同时照看 2 个以上的孩子。照料人平均年龄为 56.7 岁，其中隔代照料者的平均年龄为 63.3 岁。62.9% 的照料人学历在小学及以下（在隔代照料者中，这一比例高达 75.0%），其中三成以上的照料人没有读过书。被调查农村留守儿童监护人人均照看的孩子数量在 2 个左右（1.9），同时照顾 2 个以上孩子的占 60%。

监护人受精力和能力等多重因素影响，对留守儿童的监护往往力不从心，这也造成农村留守儿童更容易成为被伤害的群体。相关研究对2006—2015年10年间239起农村留守儿童舆情事件进行分析发现，非正常伤害舆情事件占比最高（占总数的34.73%），其次是意外死亡事件（占总数的30.96%）。其中，留守儿童遭受性侵害舆情事件62起，遭受性侵的对象多为女童，实施性侵的人员多为家中亲戚、附近邻居或教师；留守儿童遭受他人蓄意伤害及杀戮事件21起，多为校园霸凌（邬志辉等，2016）。在7种校园欺凌行为中，留守儿童偶尔遭受过至少一种的比例为49.2%，经常遭受过至少一种的比例为8.4%，显著高于非留守儿童（国家卫生和计划生育委员会流动人口司，2017）。

2. *卫生健康——需要更加关爱困难群体*

受监护人照料能力不足等因素的影响，农村留守儿童尤其是贫困地区留守儿童，在营养健康、卫生医疗服务利用等方面均明显落后于非留守儿童。原国家卫生计生委对全国12个省（区、市）27个项目县内农村留守儿童的健康情况进行调查发现，在营养健康方面，留守儿童纯母乳喂养满6个月的比例为29.4%，较非留守儿童低4.5个百分点；留守儿童饮水达标率为13.8%，比非留守儿童低2.1个百分点；留守儿童伤害（包括摔伤、被工具和钝器割伤、烧烫伤等）发生率为12.1%，高于非留守儿童2.9个百分点；项目县患病的学龄儿童群体中，留守儿童患病就诊率为52.8%，低于非留守儿童3.4个百分点（国家卫生和计划生育委员会流动人口司，2017）。因此，开展农村留守儿童卫生健康服务时需要更加关注贫困儿童以及患病儿童，尤其是重病儿童。

3. 公共教育——需要更加公平[1]和更多选择

子女就学困难是很多家庭选择让孩子留守的重要原因，因此“控辍保学”是目前农村留守儿童关爱保护工作的重要内容。仅仅保障留守儿童进入学校显然不能解决其面临的教育难题。从儿童发展的需求来看，应尽量保障儿童与父母生活在一起，避免家庭教育缺失对儿童成长产生消极影响。为此，在迁入地为随迁儿童提供公平的、相对充分的学位是关爱服务政策的优先选择。在迁入地难以满足入学需求的情况下，对返乡入学、升学的儿童应具有更多的包容性。

4. 心理健康与社会性发展——不能给留守儿童留下心理阴影

通过对农村社区的走访发现，农村留守儿童（特别是单亲家庭的留守儿童）与其他农村儿童最大的区别体现在性格方面。我们在调查中遇到的留守儿童大多性格内向、缺乏自信心，留守生活对儿童尤其是低龄段儿童的心理健康发展带来了明显的消极影响。《中国留守儿童心灵状况白皮书（2015）》指出，农村留守儿童经常感到烦躁、孤独、闷闷不乐以及无缘无故发脾气的比例高于非留守儿童。甚至由于长期得不到父母关爱、与家人缺少交流以及家庭贫困等因素，部分留守儿童的心理出现问题，最终促使其产生自杀行为（邬志辉等，2016）。

在实地调查和问卷访谈中，当问及与其他儿童相比，留守儿童是否有明显的不同时，受访者的回答中“性格内向”“发呆”“孤僻”“自卑”“胆小”等成为高频词汇。农村留守儿童大多性格内向、缺乏自信心，留守生活对儿童尤其是低龄段儿童的心理健康发展带来了明显的消极影响，留守儿童的心理健康需求日益凸显。

---

① 这里的“公平”指的是不因户籍身份的不同而享有不同的受教育机会，如农民工随迁子女在城市中平等进入公办学校、参加高考等。

（二）家庭赋能需求

1. 监护监督与抚养指导

我国《民法典》明确规定“父母对未成年子女负有抚养、教育和保护的义务”“父母是未成年子女的监护人”，而监护缺失是农村留守儿童面临的关键问题，确保留守儿童获得有效监护并提升监护人的照料养育能力，是当前农村留守儿童家庭亟需的服务支持。农村留守儿童长期与父母分离，多数留守儿童与父母联系频率不高。被访对象中，六成以上的农村留守儿童在学龄以前父母双方即开始外出务工，其中 3 岁以下的占到一半比重。半数以上的农村留守儿童与父母分开 3 年以上，约 31% 的儿童与父母分离时间在 5 年以上。绝大多数农村留守儿童（约 76%）的父母每年仅回家 1~2 次。几乎每天都能与孩子联系的父母占比仅为约 27%，有一成左右的父母很少与子女联系。

2. 帮扶支持与返乡扶持

为农民工家庭提供市民化帮扶支持以及为农民工返乡创业就业提供便利和支持，减少留守儿童父母监护照料子女的成本，让更多的留守儿童不再留守，是从源头上减少留守儿童现象的重要举措。

在问卷调查中，当问及农村留守儿童自身需要哪些支持时，亲情关爱位居首位，平均综合得分远高于生活保障、安全保障、卫生健康和公共教育等服务。亲情关爱离不开父母的有效陪伴，因此需要为家庭增权赋能。一方面，需要通过推进农民工市民化，在城市义务教育、住房保障等方面提供便利和帮助，促进农民工子女随迁；另一方面，需要通过为农民工返乡创业就业提供技能培训等公共服务，从根本上减少父母与儿童的分离。

五、农村留守儿童关爱服务存在的问题和挑战

（一）服务主体：家庭、政府、社会边界不清，政府兜底职能有待明晰

关爱和保护农村留守儿童，既是各级政府的重要职责，也是家庭的重要责任，还需要充分发挥社会各界的积极作用。近年来，我国农村留守儿童关爱保护体系不断完善，关爱服务的项目和内容不断丰富，但哪些服务项目应由政府来兜底保障，哪些应由家庭来承担，哪些又可以让社会发挥作用，尚没有明确的划分。在农村留守儿童关爱服务供给中，家庭、政府和社会的责任边界划分不清，既不利于相关政策的贯彻落实，也不利于儿童权益的有效保障。

《中国儿童发展纲要（2011—2020年）》提出，要“基本满足流动和留守儿童基本公共服务需求”。“十三五”时期，农村留守儿童关爱保护被明确纳入国家基本公共服务清单。但是，清单中并未明确提出农村留守儿童关爱服务的具体项目和服务标准，也就是说，在已有的农村留守儿童关爱保护公共服务中，哪些是基本公共服务，即需要政府兜底保障的，哪些是非基本公共服务，即可以更多地发动社会力量提供的，尚不明晰。

一些地方，如安徽省、江苏省、浙江省绍兴市和重庆市，结合当地特色，探索出台了地方性服务标准，如《儿童主任服务规范》（安徽省）、《农村留守儿童关爱保护规范》（江苏省）、《儿童福利督导管理与服务规范》（浙江省绍兴市）、《农村留守儿童监护人责任清单（范本）》（重庆市）等，对相关的关爱服务项目进行了明确的分类和界定。

但在全国层面，对基本公共服务中农村留守儿童关爱服务的具体内容以及相应的供给标准，还缺乏统一的指导性准则。

（二）服务内容：已有服务落地缺乏可持续保障，部分服务存在明显缺口

1. 现有服务落地问题：一过性项目为主，服务不可持续问题突出

农村留守儿童关爱服务供给能力不足，突出体现在人力资源严重缺乏以及资金保障不足等方面。

一是基层工作人员不足。儿童主任直接关系到农村留守儿童关爱服务“最后一公里”问题的解决。尽管《关于进一步健全农村留守儿童和困境儿童关爱服务体系的意见》中明确要求各村配备儿童主任，并实行实名制管理，但由于缺乏相应的人员经费，在实践中，一些地区并没有负责儿童关爱保护服务工作的专门人员。课题组的问卷调查显示，被调查的18个村中，有5个村表示没有儿童主任或儿童专干，占27.8%。有儿童主任或儿童专干的村中，儿童主任或儿童专干100%为兼职人员，均兼职妇女主任、村支书等其他职务。其中仅有2个村给予儿童主任900元或500元不等的补贴。此外，即使配备了相应的儿童主任或儿童专干，也大多存在“专干不专”的情况，因为其绝大多数为兼职工作人员，基层工作繁多，“上面千条线，下面一根针”，没有足够的精力开展关爱保护工作。

在问及农村留守儿童关爱保护工作中存在的突出困难时，受访村干或儿童主任将“缺乏专业人员”列为首要困难。此外，“缺经费”位居第二位，六成以上的受访村干和儿童主任认为当前开展农村留守儿童关爱保护工作没有专门的补贴等经费，难以实质性地开展相关关爱服务。

二是缺乏专业社会工作人才。农村留守儿童关爱服务需要由专业

人才提供，但当前相关人员大都未经过专业培训，缺乏相关的专业知识、方法、技巧，仅提供常规性的物质帮扶、精神抚慰，难以有效解决问题。

三是在机构建设上，以一过性投入为主，缺乏可持续资金保障。当前，很多地方的乡镇（街道办事处）均建立了儿童之家或农村留守儿童活动室，为农村留守儿童关爱活动的开展提供了场地，但在后续的机构运营上，缺乏可持续的财力投入，这也直接影响了农村留守儿童关爱服务的有效送达。

在问及村（社区）里是否有留守儿童关爱相关服务机构时，约74%的受访者表示本地建设有留守儿童之家、儿童之家、留守儿童图书室、志愿服务站等机构设施，约26%的受访者则明确表示没有相关的场所和机构。在问及是否组织农村留守儿童开展相关活动时，五成以上的受访者表示每学期仅开展几次或偶尔开展，约三成监护人表示照顾的留守儿童基本没有参加过村里组织的相关活动。

从留守儿童接受服务的情况来看，尽管《关于进一步健全农村留守儿童和困境儿童关爱服务体系的意见》等文件中明确提出儿童主任等要对农村留守儿童进行定期走访，但在实际执行中，受人员、经费等多种因素的影响，政策落地还面临阻碍。调查中，部分受访监护人表示基本没有过政府人员或志愿者、社会工作者等对留守儿童进行定期走访。

2. 新的服务缺失问题：亲情关爱、心理健康等需求难以有效满足

从当前农村留守儿童关爱服务的内容来看，大多聚焦于儿童的安全、教育等生存和发展需求，如定期走访、信息上报、安全教育、强制报告、控辍保学等，但儿童的亲情关爱、心理健康等需求难以满足，同时在农民工家庭帮扶支持、促进市民化方面还存在明显短板。农村留守儿童的服务需求不单是生活照料等生存需求，当前农村留守

儿童关爱服务的供需缺口更多体现在亲情关爱、心理健康等方面。这其中，亲情关爱离不开家庭，政府和社会难以替代。因此，既要发挥政府的主导作用，更要增加家庭的责任。

完善农村留守儿童关爱服务供给，需要从注重生存需求转向更加注重发展需求，由聚焦儿童自身转向更加注重家庭赋能。加强农村留守儿童关爱保护工作是各级政府的重要职责，同时也是家庭的重要责任，应为家庭赋能，更好地发挥家庭在农村留守儿童关爱保护工作中的功能和作用。

（三）服务方式：社会力量参与力不从心，尚未有效形成多方合力

社会力量尤其是专业化的社会工作人才队伍，是农村留守儿童关爱服务提供中不可或缺的重要力量，对于回应农村留守儿童心理服务需求、促进农村留守儿童全面健康成长具有积极作用。我国儿童服务类专业化社会组织的发育程度整体较低，而面向农村留守儿童的专业化社会组织的发展水平更是有限。同时，目前中西部地区农村留守儿童较多，但社会组织欠发达，社会力量对农村留守儿童关爱服务工作的参与明显不足。从政府支持社会组织发展的角度看，东部地区如山东省、上海市、天津市、北京市、江苏省等地均提出要支持社会组织开展农村留守儿童社会救助。此外，从社会组织自身发展的角度看，东部地区社会组织发育程度明显高于中西部地区，东部地区社会组织所提供的农村留守儿童服务项目在种类、数量、质量和发展能力上明显优于中西部地区。

六、完善农村留守儿童关爱服务体系的路径和措施

“十三五”时期，我国城镇人口比重由2015年的56.1%提高到2019年的60.6%。“十四五”时期，我国仍处于城镇化快速发展阶段，人口流动在未来一段时期内将持续活跃，农村留守儿童的数量仍将有数百万规模。因此，一方面应尽可能减少由制度性因素造成的留守现象，另一方面需要通过相应的公共服务为农村留守儿童提供关爱和保护。

（一）标本兼治，明确农村留守儿童关爱服务发展方向

1. 完善制度，更加注重源头治理，从根本上减少留守儿童现象

一是加大对农民工融入城市生活的帮扶支持力度，破除留守儿童入学升学政策阻碍。对流入地，强化流入地支持农民工未成年子女接受义务教育的责任；对流出地，在避免中考移民的情况下，放开农民工未成年子女中考学籍限制。推进农民工市民化，在生活居住、义务教育等方面提供更多的帮扶支持，使得绝大多数农民工可以实现子女随迁进城的愿望，更好地监护照料未成年子女。

二是促进县域经济发展，支持和引导农民工返乡创业就业。积极承接东部地区产业转移，结合区位和资源特点，加快发展地方优势特色产业，使得更多有返乡意愿的农民工可以找到更多创业机会和就业岗位，从根源上减少农村留守儿童。

2. 明确重点，充分保障儿童发展权利，更加注重家庭赋能

一是坚持儿童优先，在农村留守儿童关爱保护基本公共服务项目选取和标准设定中，优先考虑儿童的利益和需要。秉承儿童利益最大

化的原则，多方了解儿童的情况和真实需求，最大限度地保护和实现儿童的权益。

二是明确家庭的主体责任。加强对留守儿童父母的指导和培训，促进留守儿童父母了解家庭教育知识，增强家庭观念，提高家庭养育能力，在家庭发展中首先考虑儿童利益，确保农村留守儿童得到妥善监护照料、亲情关爱和家庭温暖。

3. 凝聚合力，坚持政府主导，促进社会各方参与

一是政府发挥主导作用，尽力而为，量力而行。既要尽可能地保障农村留守儿童生存和发展的基本需求，又要考虑与财力保障相匹配，坚持尽力而为、量力而行，还要避免产生由福利陷阱带来的留守儿童家庭逆向选择问题。坚持在发展中兜住底线，提供与经济社会发展阶段和财政水平相适应的服务。

二是加快社会组织培育，推进儿童社工组织等专业社会组织的培育孵化工作。积极鼓励和支持社会力量参与提供农村留守儿童关爱服务，通过购买社会服务等方式，培育和发展相关社会组织，引导其积极承接公共服务项目。

（二）坚持需求导向、分类施策，完善基本公共服务项目内容

在服务项目上，考虑到农村留守儿童中不同群体服务需求的差异性和基本公共服务的兜底性，应面向全体农村留守儿童、农村留守儿童中的困难群体和重点群体三类主要人群，提供有针对性的不同类型的关爱服务。

1. 面向全体农村留守儿童

提供监测和评估服务。建立儿童档案，开展定期走访，进行儿童及家庭状况评估等。

提供救助保护服务。完善以强制报告、应急处置、评估帮扶、监护干预为主要内容的未成年人救助保护机制。

提供公共教育服务。对流入地，强化流入地支持农民工未成年子女接受义务教育的责任；对流出地，在避免中考移民的情况下，放宽农民工未成年子女中考学籍限制。

提供家庭教育服务。进一步引导农村留守儿童父母强化监护责任意识，加强亲情互动，提高沟通能力。

2. 面向农村留守儿童中的困难群体

通过定期评估，识别农村留守儿童中的家庭经济困难群体，提供基本生活支持政策，并与低保等社会救助政策和事实无人抚养儿童等困境儿童保障政策相衔接。

3. 面向农村留守儿童中的重点群体

通过监测和定期评估，对农村留守儿童中监护情况较差、失学辍学、无户籍以及患病残疾等重点儿童有针对性地提供监护监督与指导、控辍保学、医疗救助服务。

根据国家卫生健康委的相关调查，农村留守儿童心理异常发生率高达11.5%，其中6岁以上留守儿童心理异常发生率更为突出。建议对6岁以上农村留守儿童开展心理健康评估，对因遭遇性骚扰、家庭暴力、儿童暴力等而产生心理问题的农村留守儿童开展心理干预和疏导。

（三）坚持尽力而为、量力而行，明确基本公共服务指导标准

国家设立农村留守儿童关爱保护基本公共服务项目和服务标准，各地在充分保障国家标准的基础上可根据需求和财力状况进行增补。同时，充分整合现有服务资源，合理开发新增服务资源。建议农村留

守儿童基本公共服务项目的设定如表 3 所示。

表 3　农村留守儿童基本公共服务项目

服务对象	服务项目	指导标准
全体农村留守儿童	监测和评估服务	建立儿童档案，开展定期走访（每季度走访 1 次），核实农村留守儿童基本生活保障、家庭监护、就学及身心健康等情况；根据儿童生活、教育、身心健康等方面保障情况进行评估
	救助保护服务	发现农村留守儿童脱离监护单独居住生活或失踪、监护人丧失监护能力或不履行监护责任、疑似遭受家庭暴力、疑似遭受意外伤害或不法侵害等情况时，第一时间向公安机关报告；公安机关及有关部门有针对性地采取应急处置措施；乡镇人民政府（街道办事处）会同有关部门对农村留守儿童状况进行调查评估，有针对性地安排监护指导、医疗救治、心理疏导、行为矫治、法律服务、法律援助等专业服务；强化监护干预机制，对导致农村留守儿童身心健康严重受损等的监护人，撤销其监护人资格，另行指定监护人
	公共教育服务	对流入地，强化流入地支持农民工未成年子女接受义务教育的责任；对流出地，在避免中考移民的情况下，放宽农民工未成年子女中考学籍限制
	家庭教育服务	引导农村留守儿童父母强化监护责任意识，加强亲情互动，提高沟通能力
农村留守儿童中的困难群体	基本生活支持服务	与低保等社会救助政策和事实无人抚养儿童等困境儿童保障政策相衔接
农村留守儿童中的重点群体	强化监护监督与指导、控辍保学、医疗救助服务	对农村留守儿童中监护情况较差、失学辍学、无户籍以及患病残疾等重点儿童有针对性地提供监护监督与指导、控辍保学、医疗救助服务
	心理健康评估与干预疏导	开展心理健康评估，对因遭遇性骚扰、家庭暴力、儿童暴力等而产生心理问题的农村留守儿童开展心理干预和疏导

（1）已有服务项目。一方面，需要根据各地实施情况，在原有标准的基础上进行统一调整；另一方面，按需适度增加支出，提高服务供给能力和水平，如针对服务人员不足的问题，对儿童主任进行一定额度的财政补贴。

所需财力测算

2019年我国农村留守儿童数量在643万人左右，根据民政事业发展统计公报，截至2019年年底，全国共有53.3万个村委会，平均每个村12个留守儿童，以每季度1次，每个儿童走访半天估算，走访全部留守儿童每年所需时间约合24个工作日（约1个月）。根据实地调查，村干部平均工资在2000元/月左右。现有的农村留守儿童基本公共服务项目按标准由儿童主任落实提供，如果按此工资标准，每年每个儿童主任所需补贴在2000元左右，按每个村委会1名儿童主任的标准测算，全国每年儿童主任补贴在10.66亿元左右。

（2）新增服务项目。一方面，可以融入各部门的工作内容统筹推动，如家庭教育服务、对儿童主任进行培训指导等，通过民政部门常态化开展的“政策宣讲进村（居）”活动进行落实；另一方面，可以逐步推广各地成功的探索实践，如心理健康评估与干预疏导项目，通过政府购买服务等方式，培育社会组织，为农村留守儿童提供全覆盖的干预服务。

建立农村留守儿童关爱服务标准动态调整机制。农村留守儿童关爱保护基本公共服务项目的内容和标准应随财力动态调整。比如，未来一段时期，在财力允许的条件下，将“心理健康评估与干预疏导”服务由农村留守儿童中的重点群体拓展到全部农村留守儿童，增加定期走访排查的频次，设立专职儿童主任等。

所需财力测算

可通过教育部门为每所中小学配备专职或兼职的心理健康教育教师或者政府购买专业服务的方式开展心理健康评估与干预疏导服务。

方案1：每月开展1次心理健康评估与干预疏导服务。以每次每个儿童平均1小时估算，为6岁以上农村留守儿童（643万人×78%）提供该项服务每年所需时间约合752万个工作日（按每个工作日8小时算），2019年卫生和社会工作城镇非私营单位就业人员平均工资为10.89万元/人年，按每年250个工作日估算，提供此项服务每年需经费32.76亿元。

方案2：每季度开展1次心理健康评估与干预疏导服务，每年需经费10.92亿元。

（四）以中央和省级政府为主，合理划分政府间支出责任

经费来源：所需经费（儿童主任补贴+心理评估疏导补贴）如果从中央专项彩票公益金支出，约占2019年中央专项彩票公益金（175.92亿元）的12.3%~24.7%；如果从一般公共预算支出，约占2019年全国一般公共预算支出（190390亿元）的0.01%~0.02%。具体如表4所示。

表4　农村留守儿童关爱服务所需经费

		年度经费（亿元）	占中央专项彩票公益金比例（%）	占全国一般公共预算支出比例（%）
儿童主任补贴		10.66	6.06	0.0056
心理评估疏导补贴	方案1（每月1次）	32.76	18.62	0.0172
	方案2（每季度1次）	10.92	6.21	0.0057

支出责任划分：从农民工流向分布情况来看，东部地区为农民工净流入地，中西部地区为农民工净流出地（见表 5）。作为农民工流出地的中西部地区经济水平与财政能力普遍较弱，对中央转移支付的依赖程度较大；同时，流入地政府解决农民工市民化问题的积极性不高。因此，建议合理分担财政支出成本，中西部地区农村留守儿童关爱服务的相关财政成本主要由中央政府承担，东部地区按财力状况由中央和地方合理分担，并且地方支出部分建议主要由省级政府承担，不增加基层财政的压力。

表 5　2019 年农民工流向分布

	输入（万人）	占比（%）	输出（万人）	占比（%）	净流入（万人）
东部	15700	54.0	10416	35.8	5284
中部	6223	21.4	9619	33.1	–3396
西部	6173	21.2	8051	27.7	–1878

资料来源：国家统计局《2019 年农民工监测调查报告》。

（五）重视配套建设，完善相关支持政策

1. 重视场地设施建设

儿童之家等配套场地设施，是开展农村留守儿童关爱服务的重要载体。一是重视开展关爱服务活动所需场所、设备等基础设施的建设。除提供场地设施建设经费之外，注重对场地设施运营的支持。二是支持儿童福利机构为农村留守儿童及其家庭提供支持服务。鼓励儿童福利机构为农村留守儿童服务机构、社会组织、志愿者等提供技术支持等服务。

2. 重视人力资源建设

加强儿童社会工作人才队伍的建设力度，提升农村留守儿童保护的专业化水平。一是加强儿童主任、儿童督导员等基层儿童保护工作

队伍的培训力度。鼓励通过互联网等现代信息技术手段开展儿童工作队伍培训。通过在职培训、学习等形式，深化儿童保护理念，提升农村留守儿童关爱服务的专业化水平。二是加大专业人才培养力度。鼓励高等院校、职业院校等加强对儿童社会工作专业人才的培养，结合儿童保护工作的实际需要，促进儿童福利、儿童社会工作等相关专业的开办和发展。三是积极引导具有专业知识和能力的社会工作者参与农村留守儿童关爱服务供给，重点加强对留守儿童的心理评估与干预疏导，推动儿童社会工作职业化发展。

3. 重视发挥各类社会组织的作用

积极引导社会力量参与农村留守儿童关爱保护。积极培育发展社会工作服务机构，推进乡镇（街道）社会工作服务站点建设，鼓励社会工作服务点在乡镇（街道）党委政府的领导下采取定点服务、巡回服务等方式提供关爱保障服务。加大政府购买服务力度，鼓励政府向儿童类社会组织购买关爱服务。

参考文献

［1］段成荣 . 我国流动和留守儿童的几个基本问题［J］. 中国农业大学学报（社会科学版），2015，32（1）：46–50.

［2］国家卫生和计划生育委员会流动人口司 . 中国流动人口发展报告 2017［M］. 北京：中国人口出版社，2017.

［3］姜玉 . 我国留守儿童状况研究［J］. 人口与计划生育，2016（6）：21–22.

［4］联合国儿童基金会，北京师范大学中国公益研究院 . 贫困地区儿童保护兜底服务项目 2020 年度报告［R］.2020.

［5］梁富强 .“留守儿童”需要精准界定［J］. 教学与管理，2019（19）：80–81.

［6］秦敏，朱晓 . 父母外出对农村留守儿童的影响研究［J］. 人口学刊，2019（3）：38–51.

［7］全国妇联儿童工作部，中国人民大学人口与发展研究中心课题组 . 我国农村留守儿童、城乡流动儿童状况研究报告［R］.2013.

［8］孙文凯，王乙杰 . 父母外出务工对留守儿童健康的影响——基于微观面板数据的再考察［J］. 经济学（季刊），2016，15（3）：963–988.

［9］邬志辉，李静美，陈昌盛 . 农村留守儿童：伤害与被伤害的［N］. 中国青年报，2016-01-18.

［10］邬志辉，李静美 . 农村留守儿童生存现状调查报告［J］. 中国农业大学学报（社会科学版），2015，32（1）：65–74.

［11］许怀雪，秦玉友 . 我国农村留守儿童研究的现状与前瞻——基于 2004—2020 年农村留守儿童研究的文本分析［J］. 四川师范大学学报（社会科学版），2020（3）：95–102.

专题报告

专题报告一

农村留守儿童关爱保护政策进展和实践经验

一、农村留守儿童的现状及问题

（一）农村留守儿童的界定

农村留守儿童问题是学术界持续关注的重点问题。国内外学者从社会学、经济学、教育学、心理学、法学等多学科视角对留守儿童问题开展了大量研究。尤其是进入21世纪以来，随着留守儿童问题纳入政府议事日程，农村留守儿童成为最受关注的群体之一（谭深，2011）。

目前学术界对于留守儿童的界定并未达成一致，不同研究者对留守儿童的界定有所差异，其主要分歧在于对父母外出范围、照护能力等以及儿童的年龄和户籍的内涵有不同的理解。段成荣（2015）将父母双方或者一方外出流动，自身却继续生活在户籍登记地，因而不能与父母双方共同生活的儿童定义为留守儿童。全国妇联儿童工作部和中国人民大学人口与发展研究中心课题组（2013）将农村留守儿童界定为父母双方或一方从农村流动到其他地区，孩子留在户籍所在地的农村地区，并因此不能和父母双方共同生活在一起的儿童（18岁以下）。姜玉（2016）认为留守儿童是指父母至少一方跨县外出，不能和父母双方共同生活在一起的18岁以下儿童。《“十三五”推进基本公共服务均等化规划》将农村留守儿童界定为“父母双方外出务工或一方外出务工另一方无监护能力、未满16周岁的农村户籍未成年人”。梁富强（2019）认为通过农村户籍限定对农村留守儿童进行界定会造成社会不公并在政策落实上难以执行到位，建议取消户籍限定，改为以实际居住地进行界定。

（二）农村留守儿童的群体特征——规模与分布

由于不同学者对农村留守儿童的界定有所差异，因此得出的农村留守儿童规模、构成等要素特征并不一致。全国妇联儿童工作部和中国人民大学人口与发展研究中心课题组（2013）根据第六次全国人口普查数据推算得出，全国有农村留守儿童6102.55万人，占农村儿童的37.7%，占全国儿童的21.9%。民政部根据全国农村留守儿童和困境儿童信息管理系统数据统计得出，我国农村留守儿童规模2018年为697万余人，2016年为902万余人。姜玉（2016）运用原国家卫生计生委计生家庭发展追踪调查数据估算得出，全国农村留守儿童为5483万人，占留守儿童的81.6%。联合国儿童基金会和北京师范大学中国公益研究院联合编制的《中国儿童福利与保护政策报告2019》显示，截至2018年8月底，全国共有农村留守儿童697万人。与2016年全国摸底排查数据相比，全国农村留守儿童减少约205万人。其中，山西、辽宁、吉林、福建、海南、陕西、甘肃下降比例在40%及以上，江西、山东、重庆、贵州下降比例在35%~39%，浙江、广西、青海下降比例在20%~34%，黑龙江、江苏、安徽、河南、湖南、广东、四川、云南下降比例在12%~20%。

从地区分布看，四川农村留守儿童规模最大，为76.5万人，其次为安徽、湖南、河南、江西、湖北和贵州，以上7省农村留守儿童总人数为484.4万人，占全国总数的70%。从监护情况看，96%的农村留守儿童由祖父母或者外祖父母隔代照料，其余的4%是由其他亲友照料（见图1）。

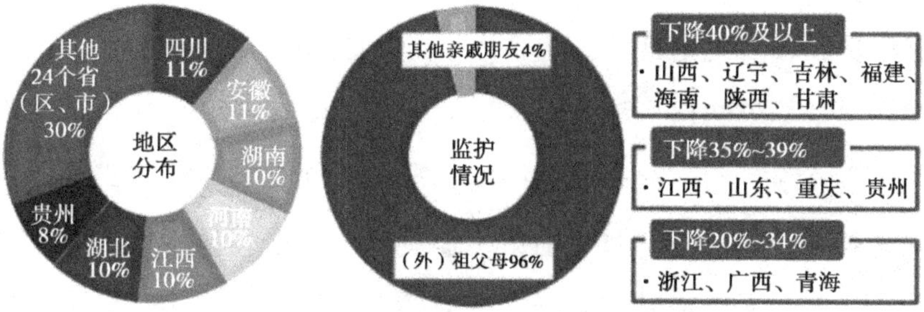

图1　2018年全国农村留守儿童分布与监护情况

资料来源：《中国儿童福利与保护政策报告2019》。

（三）农村留守儿童面临的突出问题

由于父母外出务工，使得其在儿童成长过程中缺位，这在一定程度上造成农村留守儿童生活照料、学习教育、心理健康、安全保障等问题。

一是农村留守儿童生活照料问题。邬志辉等（2015）基于对十省市9448名农村义务教育阶段留守儿童的实证调查发现，留守儿童在身体生长发育方面弱于非留守儿童，并指出，农村留守儿童群体内部存在分化，母亲外出的留守儿童、低龄留守儿童以及处于成长关键期的留守儿童需引起社会各界的重点关注。孙文凯等（2016）通过面板数据分析发现，父母外出务工对留守儿童自评健康总体上没有统计显著的影响，收入提高会正面影响儿童健康，而照顾缺失带来负面影响，二者可能相互抵消。田旭等（2018）运用中国健康与营养调查数据，采用倾向得分匹配与双重差分法测算发现，留守儿童的营养不良问题尤为突出，并且仅父亲外出和父母均外出会显著恶化儿童的营养状况。

二是农村留守儿童学习教育问题。陶然等（2012）基于2010年安徽和江西两省四县1010名农村在校儿童调研数据的实证分析发现，只有当父母双方同时外出时间较长时，才会对孩子的学习成绩产生较显著的负面影响，该影响主要因父母角色缺失所致，并且不太可能通过提高家庭收入来抵消，因为负向的父母照顾效应远大于正向的收入效应。郑磊等（2014）基于西部地区教育监测面板数据的实证研究发现，父亲外出打工对留守儿童的学习成绩并无显著影响，母亲外出打工则会对留守儿童的学习成绩产生显著的负效应，父母外出打工之后再返乡并不会显著提高留守子女的成绩，并进一步提出，解决农村留守儿童教育发展问题的根本途径在于允许并鼓励留守儿童随父母一起迁移。范先佐等（2015）提出，农村留守儿童教育公平问题已成为中国社会转型期一个独特的社会问题，该问题的解决是一个长期、复杂、系统的工程。

三是农村留守儿童心理健康问题。廖传景等（2015）对2219名农村留守儿童进行的量表调查显示，农村留守儿童的心理健康状况普遍堪忧，且不同的安全感水平下心理健康状况差异显著。曲苒等（2019）对西北农村隔代抚养留守儿童的量化分析发现，留守状况对留守儿童祖父母的心理健康具有消极影响，进而间接影响留守儿童的心理健康。分年龄阶段来看，胡义秋等（2015）采用心理健康诊断测验对湖南省农村留守儿童进行了心理健康测查，结果表明留守生活不利于儿童心理健康发展，低学龄阶段留守儿童较高学龄阶段留守儿童有更突出的心理问题。白勤等（2012）对重庆市五所农村小学的调查表明，留守儿童与非留守儿童的心理健康状况存在差异，并通过实验发现，实施培养干预能有效改善和提高留守儿童的心理健康水平。

四是农村留守儿童安全保障问题。李新等（2012）指出当前我国农村留守儿童安全保障方面存在家庭监护功能减退、社区儿童安全教育力度薄弱、司法保护制度缺位等诸多问题。王婷（2013）指出，由于对农村留守儿童安全教育和监护的缺失，造成儿童安全观念淡薄的现象，农村留守儿童溺水事故、交通事故等安全事故不断发生。董士昙等（2010）指出农村留守儿童不良行为率、犯罪率大大高于非留守儿童，其原因主要在于法定监护严重缺位、委托监护不力、其他监护尚未充分展开等，并提出了重构我国未成年人监护制度的具体对策建议。

五是农村留守儿童社会救助问题。现有研究从最低生活保障、医疗救助、教育救助、司法救助等方面对农村留守儿童的社会救助进行了探讨（董溯战，2012；周艳波等，2009；张艳等，2010）。张飞霞（2016）针对甘肃农村留守儿童社会救助存在的问题，提出了加强心理救助、物资救助，以及通过精准扶贫减少留守儿童等对策建议。此外，对于政府、社会组织等不同的社会救助主体如何发挥作用，学者们也进行了相关探讨。张梓英（2014）指出农村基层社会组织是开展农村留守儿童社会救助工作的重要力量。陆士桢等（2013）探讨了民间儿童服务组织在临时救助、托养、健康营养、职业培训等方面对留守儿童救助的促进作用。何开奇（2009）建议在农村留守儿童社会救助工作中建立政府与非政府组织的协作机制。

（四）农村留守儿童保障工作面临的新挑战

随着经济社会的快速发展，农村留守儿童保障工作也在新形势下面临新挑战。

一是供需变化下的服务动态调整。我国的主要矛盾为人民日益增长的美好生活需要和不平衡不充分的发展之间的矛盾。同样，对于农村留守儿童而言，其服务需求不再局限于基本生活照料、基本教育等方面，还包括亲情关爱、心理健康等需求；同时，农村留守儿童内部存在异质性，其服务需求亦存在多样化特征。在供给侧方面，随着我国基本公共服务体系和标准的不断健全，针对农村留守儿童的服务不断拓展、标准不断提高，但在供需匹配方面仍需进一步动态连接与调整，在保基本、兜底线的同时，应适当引入社会资本提供多元化、多样性的服务，以满足农村留守儿童的服务需求。

二是经济下行压力下的财力保障。虽然“十三五”时期我国人均GDP达到1万美元，但进入经济新常态后，我国经济增速放缓，同时新冠肺炎疫情给我国经济社会带来一系列不确定影响。此外，人口老龄化等诸多民生问题，以及国际关系等都对我国财政支持能力提出了挑战，因此，农村留守儿童权益保障面临着较大的财政压力。

三是科技新突破下的服务供给创新。科技创新对于服务供给而言既是机遇也是挑战。随着互联网、物联网等技术的发展，农村留守儿童服务不仅仅局限于线下服务，还可以通过“互联网+”的形式为农村留守儿童提供线上服务或进行服务对接。但是，在现实服务过程中，存在科技服务方式重城市轻农村的现象，很多农村地区无条件、无能力、无意愿采取科技手段提供留守儿童关爱等相关服务，科技新突破下的服务供给创新在农村地区广泛推行仍任重道远。

四是突发事件下的服务有效送达。从现阶段的服务能力和水平来看，突发事件下服务能否精准有效送达每个农村留守儿童及其家庭，仍然需要进一步探讨，特别是对于西部农村地区而言，服务精准性、时效性有待提高，服务效能有待增强。例如，在新冠肺炎疫情期间，农村留守儿童在心理支持等方面的服务需求凸显，但很多线下关爱服务几乎处于停滞状态。因此，在突发事件下，如何在管控风险的同时将心理关爱服务及时有效送达农村留守儿童家庭成为需要破解的难题。

二、农村留守儿童关爱保护政策演变及特征

改革开放以来，农村留守儿童关爱保护工作凭借国家经济社会快速发展的东风，在主动融入、积极服务大局中不断发展。特别是党的十八大以来，在以习近平同志为核心的党中央的坚强领导下，各地各部门认真贯彻落实党中央、国务院关于儿童工作，特别是关于农村留守儿童关爱保护的重大决策部署，积极履职，主动作为，出台了一系列政策，推动农村留守儿童关爱保护取得较大进展。

农村留守儿童的出现是改革开放后农村劳动力向城市流动的现实结果。2000 年以后，农民工进城务工的数量快速增长，农村留守儿童开始大规模出现。农村留守儿童问题引起了国家的高度重视与社会的普遍关注，留守儿童保护的相关工作逐步启动。从农村留守儿童保护政策的发展来看，其经历了一个政策调研、政策制定与出台、政策试点与施行及政策评估验收的过程。2004 年，教育部基础教育司委托中央教科所开展“中国农村留守儿童问题研究”，拉开了国家层面调研农村留守儿童状况的序幕。同年，随着《中共中央、国务院关于进一步加强和改进未成年人思想道德建设的若干意见》出台，农村留守儿童关爱理念开始进入政策研究范畴。2006 年，《国务院关于解决农民工问题的若干意见》出台，这一事关新农村建设的纲领性文件提出“输出地政府要解决好农民工托留在农村子女的教育问题”，意味着把农村留守儿童问题纳入重要政策议程。同年 5 月，教育部《关于教

育系统贯彻落实〈国务院关于解决农民工问题的若干意见〉的实施意见》提出“建立农村‘留守儿童’教育和监护体系”。同年7月，全国妇联《关于大力开展关爱农村留守儿童行动的意见》提出加强农村教育、建设家长学校等举措。同年10月，国务院农民工工作联席会议办公室、全国妇联等12个部门共同组成农村留守儿童专题工作组，提出建立农村留守儿童工作长效机制的任务目标。2007年7月，中组部等七部门发布《关于贯彻落实中央指示精神 积极开展关爱农村留守流动儿童工作的通知》，要求做好农村留守儿童的教育管理工作、加强户籍管理与权益保护、完善救助保障机制、推进医疗保健服务等。2010年，《国家中长期教育改革和发展规划纲要（2010—2020年）》提出建立健全政府主导、社会参与的农村留守儿童关爱服务体系。2011年，《中国儿童发展纲要（2011—2020年）》颁布，提出要健全农村留守儿童服务机制，加强对留守儿童心理、情感和行为的指导，提高留守儿童家长的监护意识和责任。2012年，国务院发布《国家人权行动计划（2012—2015年）》，不仅在儿童权益保护理念上产生了实质性的转变，而且提出了很多具体的操作措施。

党的十八大以来，我国开始将农村留守儿童关爱保护从与农民工相关的系列政策中独立出来，更加关注农村留守儿童服务体系建设的系统性。在教育方面，2013年，教育部等五部门颁布《关于加强义务教育阶段农村留守儿童关爱和教育工作的意见》。在服务体系建设方面，2016年2月，国务院印发《关于加强农村留守儿童关爱保护工作的意见》（国发〔2016〕13号），此后民政部、教育部、公安部开展了农村留守儿童摸底排查工作。2016年6月，国务院印发《关于加强困境儿童保障工作的意见》（国发〔2016〕36号），其中服务对象包括农村留守儿童。同年11月，民政部、中央综治办、最高人民法院、最高人民检察院、教育部、公安部、财政部等多部门联合开展“合力监护、相伴成长”关爱保护专项行动。截至2016年年底，31个省（区、市）全部出台了农村留守儿童关爱保护实施意见。2017年1月，《“十三五”推进基本公共服务均等化规划》首次提出统筹推进农村留守儿童关爱保护。同年10月，十九大报告提出保障儿童合法权益，健全农村留守儿童关爱保护体系，与此同时，全国农村留守儿童信息管理系统开始启用。2018年，各地继续深入贯彻落实国务院《关于加强农村留守儿童关爱保护工作的意见》（国发〔2016〕13号）。同年1月，民政部开展全国农村留守儿童关爱保护和困境儿童保障示范活动。同年8月，国务院办公厅印发《关于同意建立农村留守儿童关爱保护和困境儿童保障工作部际联席会议制度的函》（国办函〔2018〕51号），针对农村留守儿童关爱服务制定部际联席会议制度，解决多部门服务供给分散、权责不清等问题。截至2018年年底，31个省（区、市）全部出台了具体实施方案，将农村留守儿童关爱保护纳入经济社会发展规划，进一步完善政策规定和保障措施。2018年，全国农村留守儿童和困境儿童信息管理系统全面启用，31个省（区、市）全部完成农村留守儿童信息采集及数据录入工作。2019年4月，民政部、教育部、公安部等多部门联合发布《关于进一步健全农村留守儿童和困境儿童关爱服务体系的意见》（民发〔2019〕34号）。

总体而言，我国农村留守儿童关爱服务政策体系建设具有以下特征。

（一）构建了从宏观到微观的纵向政策体系

目前，已经初步构建了包括中央政府政策、地方政府政策、直接服务组织政策在内的农村留守儿童关爱服务纵向三级政策体系。就中央层面来看，国务院颁布了《国家中长期教育改革和发展规划纲要（2010—2020年）》等纲领性文件，在建立健全农村留守流动儿童关爱服务体系方面提出了宏观要求与指导。全国妇联、教育部等相关部门多次联合发布有关留守儿童保护的文件。就地方层面来看，省、市、县等基层政府及所属部门积极贯彻中央精神，根据当地留守儿童数量、结构等情况，有针对性地出台了相关关爱服务政策。以山东省为例，2014年山东省民政厅等八部门发布《关于建立和完善农村留守儿童、妇女、老年人关爱服务体系的意见》，把农村留守儿童保护纳入解决留守问题的一揽子方案之中。临沂作为劳务输入大市，高度重视留守儿童工作，先后制定与下发了《关于进一步加强农村留守妇女儿童工作的意见》《临沂市留守儿童"爱心家园"项目实施方案》，打造了"爱心家园""圆梦行动"等留守儿童服务品牌。就直接服务组织层面来看，学校、村委会、慈善团体、志愿者队伍等相关组织与单位依照各自的职能制定了留守儿童关爱保护的具体微观计划、措施、办法。三级政策体系的建立，有助于中央加强对农村留守儿童关爱服务体系建设的宏观指导与协调，能够使基层获得上级部门的支持和帮助，同时增强地方部门、基层组织在农村留守儿童关爱方面的责任，形成一种上下联动机制。

（二）构建了以法律为依据的横向政策结构

当前，已经形成了包括法律文件、纲领性文件、执行性文件在内的农村留守儿童关爱服务横向三重政策结构。我国于1986年施行《义务教育法》并于2006年、2015年、2018年进行修订，于1991年施行《未成年人保护法》并于2006年、2012年、2020年进行修订，以这两部法律为代表的法律文件为农村留守儿童受教育权利保护提供了根本的法律依据。国务院先后颁布的《国务院关于解决农民工问题的若干意见》《国家人权行动计划（2009—2010 年）》《国家中长期教育改革和发展规划纲要（2010—2020 年）》《国家人权行动计划（2012—2015 年）》等纲领性文件，虽然并未特别针对农村留守儿童，但对农村留守儿童保护具体政策的制定起着指导性作用。国家相关部委制定的关于农村留守儿童关爱服务的具体政策，在农村留守儿童关爱服务中发挥着具体的指导、管理、调控作用。

（三）形成了多元支持的农村留守儿童政策过程模式

在农村留守儿童保护政策推进过程中，党委政府、基层部门、高校、社会组织等各方面力量积极支持和参与，通过调研分析、成立组织、试点示范、开展主题活动等方式，不断探索农村留守儿童关爱服务政策的议题确定、方案设计、运行实施、效果评估等问题，形成了以党委重视、政府主导、部门联动、社会参与为主要特征的农村留守儿童政策过程模式，为农村留守儿童关爱服务政策的及时出台、顺利运行、积极落实提供了有力保障。

（四）形成了点面结合的农村留守儿童关爱保护体系

一方面，就农村留守儿童权益保护形成了整体性的措施安排。例如，《国家中长期教育改革和发展规划纲要（2010—2020 年）》提出，“建立健全政府主导、社会参与的农村留守儿童关爱服务体系和动态监测机制”；《国务院关于加强农村留守儿童关爱保护工作的意见》明确提出“家庭、政府、学校尽职尽责，社会力量积极参与的农村留守儿童关爱保护工作体系全面建立”的工作目标。另一方面，对农村留守儿童相关权益问题予以高度重视并形成了专门措施。例如，围绕农村留守儿童受教育权问题，2013 年教育部等五部门出台《关于加强义务教育阶段农村留守儿童关爱和教育工作的意见》，提出“优先满足留守儿童教育基础设施建设”“优先改善留守儿童营养状况”“优先保障留守儿童交通需求”等“三优先原则”，以切实改善留守儿童教育条件。又如，针对留守女童安全问题，2013年教育部等四部门出台《关于做好预防少年儿童遭受性侵工作的意见》，提出“特别要关注留守儿童家庭”“将预防性侵犯教育纳入女童尤其是农村留守流动女童家庭教育指导服务重点内容”。

三、农村留守儿童关爱保护政策实施进展

进入“十三五”以来，在中央政府层面，农村留守儿童关爱保护工作相关顶层设计持续推进。2016年2月，国务院制定和印发了《关于加强农村留守儿童关爱保护工作的意见》（国发〔2016〕13号），这是我国首次专门针对农村留守儿童这一群体出台文件，提出加强农村留守儿童关爱保护工作是各级政府的重要职责，也是家庭和全社会的共同责任，并对农村留守儿童关爱保护做出了专门制度性安排。由民政部牵头的农村留守儿童关爱保护工作部际联席会议制度随之建立。2017年1月，国务院印发《“十三五”推进基本公共服务均等化规划》，将“农村留守儿童关爱保护”列为基本社会服务领域13个服务项目之一，并纳入了国家基本公共服务清单。

作为农村留守儿童关爱保护工作的牵头部门，民政部在2016年4月发布了《关于贯彻落实〈国务院关于加强农村留守儿童关爱保护工作的意见〉的通知》，对开展农村留守儿童摸底排查和基层工作能力建设等重点工作做出相关部署。2018年，民政部组织开展全国农村留守儿童关爱保护和困境儿童保障示范活动。2019年4月30日，民政部

联合教育、公安、司法、财政等部门制定出台了《关于进一步健全农村留守儿童和困境儿童关爱服务体系的意见》（民发〔2019〕34号），从提升未成年人救助保护机构和儿童福利机构服务能力、加强基层儿童工作队伍建设、鼓励和引导社会力量广泛参与、强化工作保障四个方面提出了进一步健全农村留守儿童关爱服务体系的举措，明确将儿童主任和儿童督导员作为儿童关爱保护服务工作基层队伍，并提出了其具体工作职责。2019年11月，民政部联合国资委等部门印发《关于劳动密集型企业进一步加强农村留守儿童和困境儿童关爱服务工作的指导意见》，对农村务工人员高度集中的劳动密集型企业开展以专题宣讲、亲情关爱、困难帮扶等为主要内容的农村留守儿童关爱服务工作提出了具体意见。

从健康关爱的角度看，卫生健康部门在加强农村留守儿童关爱保护工作方面陆续出台了相关政策文件。2016年5月，原国家卫生计生委印发《关于做好农村留守儿童健康关爱工作的通知》，明确了农村留守儿童保健和疾病预防、健康促进等方面的主要任务。2016年9月，原国家卫生计生委在河北、贵州等12个省（区、市）的27个县（区）启动实施贫困地区农村留守儿童健康教育项目。2017年12月，原国家卫生计生委编写并印发了《留守儿童健康教育核心信息》和《留守儿童监护人健康教育核心信息》，以更好地提升农村留守儿童的健康意识和健康技能。

在地方政府层面，《关于加强农村留守儿童关爱保护工作的意见》（国发〔2016〕13号）实施以来，31个省（区、市）均出台了相应的政策措施，重点加强人员队伍建设、机构设施配置和资金支持，但仅有21个省（区、市）明确提供经费支持，其中9个省（区、市）将农村留守儿童关爱保护工作经费纳入财政预算（北京师范大学中国公益研究院，2017）。一些地方在加强农村留守儿童关爱服务体系建设方面进行了有益探索。例如，江苏省建立了农村留守儿童结对关爱保护机制，即在村级层面构建“1+1+1”（一个农村留守儿童落实一个村组干部、一个远亲近邻或一个志愿者）机制；设置统一标准，建设农村留守儿童“关爱之家”；加大政府购买服务力度，通过专业化社会组织，推动农村留守儿童关爱保护精准化。贵州省启动了“留守儿童困境儿童关爱救助保护信息管理系统”建设工作，并实施了儿童关爱服务公益项目，联合中国扶贫基金会、北京师范大学中国公益研究院等公益组织和专业机构，在全省19个县208个村实施“童伴计划”，通过购买“童伴妈妈”服务，探索儿童关爱服务职业化管理工作模式。

此外，新冠肺炎疫情期间，农村留守儿童面临更大的风险，一些地方实施了有针对性的政策措施。例如，广西壮族自治区开通24小时“抗击疫情困境儿童救助保护热线”，做好因疫情影响造成监护缺失的儿童的照料咨询、转介服务、个案跟踪和资源链接。杭州市发布《关于在新型冠状病毒肺炎疫情防控期间做好困境儿童和农村留守儿童帮扶关爱工作的通告》，提出通过对帮扶儿童实施“一人一档、一日一问”，加大询访力度，并明确防护物资保障、就医出行等关爱措施。

随着一系列关爱保护政策的制定实施，农村留守儿童关爱保护工作取得了明显成效。一是儿童福利机构基础设施建设不断完善，服务能力不断提高。各地优化儿童福利设施布局，探索开展针对农村留守儿童及其家庭的临时照料、康复指导、特殊教育、精神慰藉、定期探访、宣传培训等工作。鼓励有条件的地市级以上儿童福利机构不断拓展集养、治、教、康于一体的社会服务功能。二是健全了领导协调机制。2016年3月，国务院办公厅批准建立农村留守儿童关爱保护工作部际联席会议制度，省、市、县各级均建立了由政府分管负责同志担任牵头人或召集人的领导协调机制。三是加强了基层儿童工作队伍建设。截至 2019 年 5 月，全国共设立乡镇（街道）儿童督导员 4.5 万名、村（居）儿童主任 62 万名，并实行实名制管理。四是加强了动态管理。截至 2018 年年底，摸底排查全国农村留守儿童 697 万名。开展“合力监护、相伴成长”关爱保护专项行动，确保无人监护农村留守儿童得到有效监护。

参考文献

［1］白勤，林泽炎，谭凯鸣．中国农村留守儿童培养模式实验研究——基于现场干预后心理健康状况前后变化的数量分析［J］. 管理世界，2012(2)：68-78.

［2］北京师范大学中国公益研究院．加强儿童福利服务体系建设 打通困境儿童服务“最后一公里”［J］. 社会福利，2017（8）：13-15.

［3］程志超，张涛．农村留守儿童权益保护政策研究［J］. 东岳论丛，2016，37（2）：97-102.

［4］董溯战．中国农村留守儿童社会保障权研究［J］. 华东理工大学学报（社会科学版），2012（2）：80-86.

［5］董士昙，李梅．农村留守儿童监护问题与犯罪实证研究［J］. 中国人民公安大学学报（社会科学版），2010，26（3）：133-139.

［6］杜睿祺．织牢织密儿童关爱保护网［J］. 中国民政，2019（11）：37.

［7］段成荣．我国流动和留守儿童的几个基本问题［J］. 中国农业大学

学报（社会科学版），2015，32（1）：46–50.

［8］范先佐，郭清扬 . 农村留守儿童教育问题的回顾与反思［J］. 中国农业大学学报（社会科学版），2015，32（1）：55–64.

［9］范兴华，何苗，陈锋菊 . 父母关爱与留守儿童孤独感：希望的作用［J］. 中国临床心理学杂志，2016（4）：702–705，643.

［10］何开奇 . 影响政府与非政府组织协作参与农村留守儿童救助的因素及机理分析［D］. 重庆：西南大学，2009.

［11］胡义秋，朱翠英 . 不同学龄阶段农村留守儿童心理健康状况比较研究［J］. 湖南社会科学，2015（1）：105–110.

［12］黄君 . 农村留守儿童社会保护体系建构：福利治理视角［J］. 社会工作，2017（1）：54–61.

［13］姜玉 . 我国留守儿童状况研究［J］. 人口与计划生育，2016（26）：1–22.

［14］李新，张静 . 农村留守儿童安全问题刍议［J］. 人民论坛，2012（8）：82–83.

［15］梁富强 ."留守儿童"需要精准界定［J］. 教学与管理，2019（19）：80–81.

［16］廖传景，吴继霞，张进辅 . 留守儿童心理健康及影响因素研究：安全感的视角［J］. 华东师范大学学报（教育科学版），2015，33（3）：88–97.

［17］陆士桢，孙冉冉 . 儿童社会服务组织与流浪儿童、留守儿童救助［J］. 广西青年干部学院学报，2013（6）：21–25.

［18］民政部儿童福利司 . 我国儿童福利工作的成就及展望［J］. 中国民政，2019（11）：7–9.

[19] 聂飞．基于家庭视角下的留守儿童关爱服务体系构建 [J]．新疆社会科学（汉文版），2014（4）：119–125.

[20] 曲苒，倪晓莉，赵新年，等．留守状况对隔代教养留守儿童心理健康的影响：祖父母心理健康的中介作用 [J]．中国临床心理学杂志，2019，27（2）：338–344.

[21] 全国妇联儿童工作部，中国人民大学人口与发展研究中心课题组．我国农村留守儿童、城乡流动儿童状况研究报告 [R]．2013.

[22] 孙文凯，王乙杰．父母外出务工对留守儿童健康的影响——基于微观面板数据的再考察 [J]．经济学（季刊），2016，15（3）：963–988.

[23] 谭深．中国农村留守儿童研究述评 [J]．中国社会科学，2011（1）：138–150.

[24] 陶然，周敏慧．父母外出务工与农村留守儿童学习成绩——基于安徽、江西两省调查实证分析的新发现与政策含义 [J]．管理世界，2012（8）：76–85.

[25] 田旭，黄莹莹，钟力，等．中国农村留守儿童营养状况分析 [J]．经济学（季刊），2018，17（1）：247–276.

[26] 王婷．从留守儿童安全生存现状探析加强留守儿童安全教育的对策 [J]．山西农业大学学报（社会科学版），2013，12（3）：263–267.

[27] 邬志辉，李静美．农村留守儿童生存现状调查报告 [J]．中国农业大学学报（社会科学版），2015，32（1）：65–74.

[28] 叶敬忠，王伊欢，张克云．父母外出务工对留守儿童生活的影响 [J]．中国农村经济，2006（1）：59–67.

[29] 张飞霞．农村留守儿童社会救助问题研究——甘肃新型农村社会

救助系列论文之一［J］. 财会研究，2016（11）：65–67.

［30］张涛. 农村留守儿童福利保障支持体系研究［J］. 预防青少年犯罪研究，2015（3）：88–95.

［31］张艳，宦吉娥. 论农村留守儿童的权益保障［J］. 兰州学刊，2010（4）：97–99.

［32］张梓英. 农村基层社会组织救助农村留守儿童研究［J］. 特区经济，2014（6）：159–160.

［33］郑磊，吴映雄. 劳动力迁移对农村留守儿童教育发展的影响——来自西部农村地区调查的证据［J］. 北京师范大学学报（社会科学版），2014（2）：139–146.

［34］周艳波，曹培忠. 论留守儿童人权保障的缺失及法律救助［J］. 山西师大学报（社会科学版），2009（3）：33–35.

专题报告二

农村留守儿童关爱服务项目的文本分析

农村留守儿童现象是我国改革开放以后伴随经济社会的高速发展所产生的一种特殊社会现象。由农村留守儿童所引发的系列社会问题已经成为制约我国城乡有机融合、实现乡村振兴以及迈向现代化国家的因素之一。对此，党的十九大明确提出要“健全农村留守儿童和妇女、老年人关爱服务体系”，在顶层设计上进一步明确了要重视农村留守儿童问题。同时，在中央积极发挥统筹作用的引导下，社会各界加大农村留守儿童关爱服务力度，并以切实有效的措施对这部分弱势群体投入人力、物力、财力。由社会各界提供的农村留守儿童服务项目缓解了农村留守儿童问题，在解决农村留守儿童的生存、教育、健康、营养和情感等现实迫切需求方面发挥了有效作用。基于对相关学术文献、政策文件以及各地提供的服务项目的研究，本专题报告对农村留守儿童关爱服务项目文本进行了分析，试图发现当前我国农村留守儿童关爱服务项目在供给、实施、需求方面存在的问题和不足，从而认清当前我国在农村留守儿童服务体系建设过程中面临的新形势和新问题，为进一步健全农村留守儿童关爱服务体系以及完善国家基本公共服务清单提供参考。

一、项目文本的基本现状

农村留守儿童关爱服务项目是指由国家政府部门与群团组织、地方政府部门与群团组织、基层单位与直接服务组织所提供的满足农村留守儿童现实需求的各类服务的总称。近年来，随着我国脱贫攻坚和乡村振兴战略的积极推进，社会各界对我国农村留守儿童关爱服务的关注度越来越高。通过对学术文献、政府文件及媒体舆论进行分析发现，面向农村留守儿童的服务项目的种类越来越多样化，服务项目的供给主体越来越多元化，服务项目的实施机制越来越社会化。本专题报告基于对相关文献的检索和阅读，从文本的内容、政策层面和学术研究层面对当前农村留守儿童关爱服务项目的相关文本进行分析。

（一）政策文本的主要内容

农村留守儿童关爱服务项目是政府部门为农村留守儿童提供公共服务的重要载体。近些年，中央和地方政府纷纷出台了系列政策文件，为全面、个性化地为农村留守儿童提供关爱服务项目奠定了制度基础。同时，基于我国的特殊国情，中央政府在关爱服务项目的供给过程中发挥了重要的统筹作用，而地方政府基于实践创新性地提出了符合本地情况的服务项目，为提升农村留守儿童的安全感、幸福感发挥了重要的依托作用。总体来说，我国农村留守儿童关爱服务项目供给经历了由分散供给到集中供给、由不系统供给到系统供给、由非持续性供给到持续性供给的过程。随着儿童关爱服务项目的不断充实，初步形成了以儿童发展类和家庭赋能类为核心的服务项目体系。

从中央和各地出台农村留守儿童关爱服务政策的情况来看，“十三五”时期是农村留守儿童关爱服务相关政策出台较为密集的一个时期。截至 2020 年 6 月，中央层面共出台农村留守儿童相关政策 53 项，其中国务院文件 28 个（国发 18 个、国办发 8 个、国办函 2

个）。国务院出台的农村留守儿童关爱服务相关政策涉及诸多领域，其中集中分布在人口与计划生育、妇女儿童工作、科技、教育、综合服务、卫生、体育、民政、扶贫、救灾等方面，如图 1 所示。

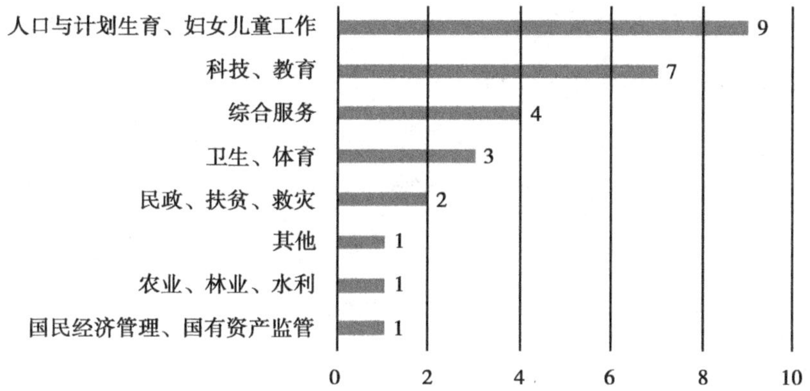

图 1　国务院农村留守儿童关爱服务政策涉及领域（截至 2020 年 6 月）

从这些领域的农村留守儿童关爱服务具体项目来看，主要涉及以下几个方面的内容。

一是项目制度的建设。通过农村留守儿童关爱服务项目的制度建设，可以在顶层设计上为相关服务项目提供载体。此类制度包括 2018 年建立的农村留守儿童关爱保护和困境儿童保障工作部际联席会议制度。可以说，该制度的建立较大地降低了由于政策体系不连贯、部门信息不畅通所导致的制度性交易成本，从而有利于更顺畅地推进服务项目的上下统筹和实施。

二是长期战略的推进。由于我国城镇化水平不高，农民工市民化仍存在较大空间，因而需要从战略上来规划农村留守儿童关爱服务项目。2016 年，《国务院关于印发国家人口发展规划（2016—2030 年）的通知》提出，要统筹推进农村留守儿童关爱和困境儿童保障工作，建立未成年人保护响应机制，构建以家庭监护为基础、国家监护为保障、社会监督为补充的保障制度，加强对流浪未成年人的救助保护，完善儿童收养制度。

三是政策数量的增加和结构的优化。如图 2 所示，农村留守儿童关爱服务相关政策呈逐年增加趋势，2015 年至 2019 年，中央层面共出台政策 42 项，占全部政策总量的 79.2%，说明国家层面对农村留守儿童关爱服务越来越重视。就政策结构来看，也具有逐步趋于优化的特征。一方面，农村留守儿童关爱服务政策从过去的单方面注重生存转变为现阶段的注重发展；另一方面，从技术进步的角度看，现阶段的政策逐步重视现代技术手段对项目的支撑作用。

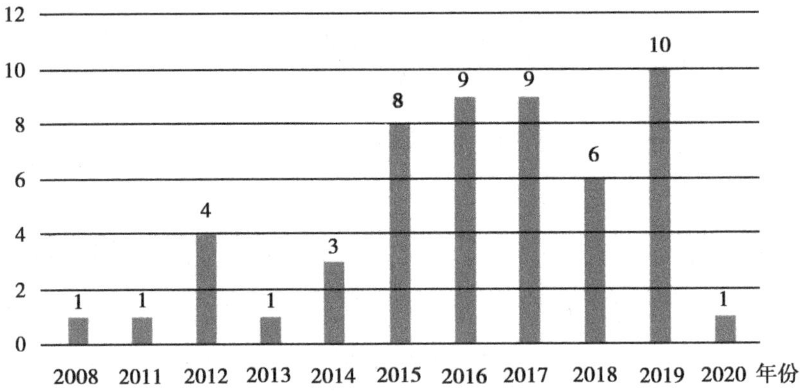

图 2　2008—2020 年农村留守儿童关爱服务政策出台数量趋势

四是地方实践的创新突破。由于我国区域发展的不平衡性较为突出，区域发展差距较大是客观事实，因而地方政府在为农村留守儿童提供关爱服务公共产品的过程中具有较大的裁量权，可以根据自身区域发展水平和财政承载能力适当地调整关爱服务项目的数量和实施力度。

（二）政策层面的现状

从中央层面来看，党的十八届三中全会、五中全会明确提出要建立健全农村留守儿童关爱服务体系。《国民经济和社会发展第十三个五年规划纲要》将农村留守儿童关爱保护列为基本公共服务内容。2016年，国务院印发《关于加强农村留守儿童关爱保护工作的意见》（以下简称《意见》），明确提出要从源头上改变“儿童进不了城，父母回不去乡”的状况，实现到2020年儿童留守现象明显减少的目标。作为我国首个针对农村留守儿童的顶层设计文件，《意见》明确提出要完善农村留守儿童关爱服务体系，包括强化家庭监护主体责任，落实县、乡镇人民政府和村（居）民委员会职责，加大教育部门和学校关爱保护力度，发挥群团组织关爱服务优势，以及推动社会力量积极参与。

具体到服务项目的政策供给体系，如表1所示，近年来中央各部委出台了系列法规文件，不断强化农村留守儿童关爱服务供给，使得农村留守儿童关爱服务项目不断完善和充实。2019年，民政部等十部门联合印发的《关于进一步健全农村留守儿童和困境儿童关爱服务体系的意见》（民发〔2019〕34号）进一步明确提出，“各地要将农村留守儿童关爱保护和困境儿童保障纳入政府购买服务指导性目录，并结合实际需要做好资金保障，重点购买走访核查、热线运行、监护评估、精准帮扶、政策宣传、业务培训、家庭探访、督导检查等关爱服务”。以两大类关爱服务项目为例，在儿童发展类中，基本形成了以《关于加强农村留守儿童关爱保护工作的意见》为总指导，以相关政策为框架的服务项目政策供给体系；在家庭赋能类中，则形成以监护监督、抚养指导、帮扶支持及返乡支持为基本内容的政策框架。

表1　农村留守儿童关爱服务政策体系

项目	类别	文件	内容
儿童发展类	安全	《关于加强农村留守儿童关爱保护工作的意见》	完善应急处置机制。公安机关要及时受理有关报告，第一时间出警调查，有针对性地采取应急处置措施
	教育	《关于加强农村留守儿童关爱保护工作的意见》 《关于加强义务教育阶段农村留守儿童关爱和教育工作的意见》	加大教育部门和学校关爱保护力度；强调切实保障农村留守儿童的受教育权利
	心理	《关于加强农村留守儿童关爱保护工作的意见》	支持和指导中小学校加强心理健康教育，促进学生心理、人格积极健康发展，及早发现并纠正心理问题和不良行为
	健康	《关于做好农村留守儿童健康关爱工作的通知》 《留守儿童健康教育核心信息》 《留守儿童监护人健康教育核心信息》	明确了农村留守儿童保健和疾病预防、健康促进等方面的主要任务；提升农村留守儿童健康意识和健康技能
家庭赋能类	监护监督	《关于加强农村留守儿童关爱保护工作的意见》	强化家庭监护主体责任。 乡镇人民政府（街道办事处）和村（居）民委员会要加强对监护人的法治宣传、监护监督和指导，督促其履行监护责任，提高监护能力。 强化监护干预机制
	抚养指导	《关于在农村留守儿童关爱保护中发挥社会工作专业人才作用的指导意见》	对农村留守儿童父母、受委托监护人开展家庭教育指导，引导其正确履行抚养义务和监护职责
	帮扶支持	《关于加强农村留守儿童关爱保护工作的意见》	为农民工家庭提供更多帮扶支持
	返乡支持	《关于加强农村留守儿童关爱保护工作的意见》	从源头上逐步减少儿童留守现象，引导扶持农民工返乡创业就业

资料来源：根据民政部、教育部等发布的政策法规整理得到。

从地方层面来看，在2016年国务院出台的《关于加强农村留守儿童关爱保护工作的意见》的基础上，全国31个省（区、市）均出台了各自的政策措施，进行了有益的探索（见表2）。如江苏省建立了农村留守儿童结对关爱保护机制，即在村级层面构建“1+1+1”（一个农村留守儿童落实一个村组干部、一个远亲近邻或一个志愿者）机制；设置统一标准，建设农村留守儿童“关爱之家”；加大政府购买服务力度，通过专业化社会组织，推动农村留守儿童关爱保护精准化。贵州省启动了“留守儿童困境儿童关爱救助保护信息管理系统”建设工作，并实施了儿童关爱服务公益项目，联合中国扶贫基金会、北京师范大学中国公益研究院等公益组织和专业机构，在全省19个县208个村实施“童伴计划”，通过购买“童伴妈妈”服务，探索儿童关爱服务职业化管理工作模式。

表2　部分省（区、市）农村留守儿童关爱服务项目概览

省（区、市）	类别	项目	文件
北京	综合	留守儿童关爱帮扶项目	《北京市民政局关于做好留守儿童关爱保护工作的通知》
上海	家庭赋能	“爱伴童行”项目	《上海市民政局关于在本市开展困境儿童和农村留守儿童关爱保护“政策宣讲进村（居）”活动的通知》
天津	儿童发展	“合力监护、相伴成长”“牵手计划”	《天津市民政局关于开展“合力监护 相伴成长”关爱保护农村留守儿童暑期专项行动实施方案》 《天津市首批社会工作参与精准帮扶“牵手计划”实施方案》

续表

省（区、市）	类别	项目	文件
山西	儿童发展	贫困地区农村留守儿童健康教育项目	《山西省人民政府关于加强农村留守儿童关爱保护工作的实施意见》
陕西	儿童发展	“儿童成长家园”“儿童幸福家园”	《陕西省儿童发展规划（2011—2020年）》
江苏	儿童发展	“妇女儿童之家”“妇女儿童阵地能力提升计划”	《江苏省政府关于加强农村留守儿童关爱保护工作的实施意见》
安徽	儿童发展	“福满江淮”儿童福利项目	《安徽省儿童发展纲要（2011—2020年）》
四川	家庭赋能	“童伴计划”项目	《四川省人民政府关于进一步健全农村留守儿童和困境儿童关爱服务体系的实施意见》
青海	儿童发展	“明天计划“包虫病治疗项目”	《青海省人民政府关于加强农村牧区留守儿童关爱保护工作的实施意见》
宁夏	儿童发展	“爱心帮扶一对一”、未成年人保护中心、儿童之家	《宁夏回族自治区人民政府关于加强农村留守儿童关爱保护工作的实施意见》
广东	儿童发展	“雨露计划”	《中共广东省委 广东省人民政府关于加强农村留守儿童关爱保护工作的实施意见》
海南	家庭赋能	“童心 1+1”	《海南省人民政府关于加强农村留守儿童关爱保护工作的实施意见》

资料来源：根据各省（区、市）民政部门有关农村留守儿童关爱服务的文件资料整理得到。

（三）学术文本的分析

从农村留守儿童问题的研究情况看，近年来学术界对农村留守儿童问题的研究越来越多。以“农村留守儿童关爱服务”为主题词在CNKI进行检索发现，对农村留守儿童关爱服务的研究呈现波动上升的趋势。2009—2019年，农村留守儿童关爱服务相关文献的数量持续上升。另外，从相关文献的引用情况来看，2013年以来，农村留守儿童关爱服务相关文献引用量持续增多，从一个侧面说明学术界对该领域的关注程度不断加深。

农村留守儿童关爱服务项目供给要立足于农村留守儿童的现实需求。课题组之前的研究发现，农村留守儿童面临的问题主要包括以下几个方面：一是农村留守儿童生活照料问题；二是农村留守儿童学习教育问题；三是农村留守儿童心理健康问题；四是农村留守儿童安全保障问题；五是农村留守儿童社会救助问题（详见专题报告一）。

在此基础之上，一些学者也提出了进一步丰富农村留守儿童关爱服务项目的思路和举措，具体如表3所示。

表3 学术界对农村留守儿童关爱服务项目的相关研究

项目	类别	主要观点
儿童发展类	安全	赵军（2019）认为应强化治安混乱社区的安保力量，整治校园欺凌和校园不良帮派，通过性安全教育和性权利教育增强儿童在性方面的自我保护意识和能力，同时改善教育方式，融洽师生感情，防止儿童因不当惩罚、遭受暴力侵害等消极人际体验而产生被害受容性
	营养	陈丽等（2010）认为应加强农村地区的医疗卫生体系建设，建立更完善的社区医疗机构，让留守儿童能够便利地获得医疗服务。同时加强营养健康知识的宣传，让儿童和监护人能够了解更多的营养和健康知识

续表

项目	类别	主要观点
儿童发展类	健康	沈纪（2019）认为应大力倡导健康行为观念，进一步推广“营养餐”，加强农村食品安全，提升农村留守儿童的饮食摄入健康水平。同时，需注重农村留守儿童的卫生保障，强化健康干预，减少父母照顾缺失导致的潜在危害
	教育	姜丽（2020）提出在实际中，流入地政府教育部门应增强同学区同学校同等待遇原则的执行力度，均衡教育资源。针对农民工，应使社会资源均等化，使城乡二元体制无缝对接。 杨清溪等（2019）认为要以学校为教育的主要责任主体，联合多种社会力量，并重视个性化关爱，通过不断促进留守儿童身心健康发展来缓解留守儿童问题
	心理	王运彩（2020）认为要转变家庭教育观念，建立留守儿童个性化成长档案，开设心理辅导课程，建立留守儿童寄宿制。 赵昀等（2019）认为拓展训练干预模式能积极改善留守儿童的心理弹性和生活满意度
家庭赋能类	监护监督	杨狄等（2018）认为在临时性、特定性监护事项的委托上，法律应当将意思表示的明确性作为监护委托的要件。在长期性、日常性和一般性的照料中，应赋予照料人一种“弱抚养权”。 韩嘉玲等（2016）认为应建立互助网络，重建农村共同体，培养农村社区本土人才
	帮扶支持	郑磊等（2014）认为应取消各种分割性的制度壁垒，允许并鼓励留守儿童随父母一起迁移。 王妍等（2019）认为应推进户籍制度改革，通过多种渠道增加教育资源总量，促进流动儿童在父母工作地平等就学

二、项目文本分析

通过对农村留守儿童关爱服务项目的相关文本进行分析发现，针对农村留守儿童的相关政策体系和框架不断完善，各地均根据中央政府的相关文件出台了符合当地实际的政策举措，对缓解农村留守儿童问题发挥了重要的制度支撑作用。与此同时，我们也发现当前农村留守儿童关爱服务存在服务供给能力不足、服务标准缺位、社会参与程度不高等问题。

（一）服务供给能力不足

一是关爱服务的精准化程度仍需进一步提高。近年来，全国各省（区、市）均根据《关于加强农村留守儿童关爱保护工作的意见》（以下简称《意见》）出台了实施意见，但通过对各省（区、市）实施意见的分析发现，各地提出的服务项目与中央《意见》基本重叠，而与各地实际需求缺乏有效匹配。例如，农民工流出多的省份与农民工输入多的省份在留守儿童规模、分布、需求等方面都存在显著差异，但这在各地的政策设计中并未得到充分体现。

二是各地服务内容存在较大差距。受地方经济发展水平、财政支出能力等因素影响，各地为农村留守儿童提供的关爱服务项目在数量和水平等方面都存在较大差异。例如，广东、北京、天津、山东等地区提供的服务项目接近30项，而新疆、西藏、甘肃以及江西等经济欠发达地区的服务项目不到10项。

（二）服务标准缺位

通过对文本的分析发现，由于缺乏相应的国家标准和地方标准，导致各地在提供农村留守儿童服务项目的过程中缺乏明确依据，影响了项目的有效实施，同时也影响了对相关服务工作的监督和评估。

从标准出台的现状来看，目前关于农村留守儿童关爱服务还没有形成国家标准，多数地区也没有制定专门的地方标准。通过文献检索发现，目前江苏省、浙江省绍兴市和重庆市出台了较为正式的地方标准，分别为《农村留守儿童关爱保护规范》《儿童福利督导管理与服务规范》《农村留守儿童监护人责任清单（范本）》，对相关的关爱服务项目进行了明确的界定和分类。大部分地区尚未出台相应的标准，由此导致服务项目存在落地难、落地不准的问题。

（三）社会参与程度不高

一是儿童服务类专业社会组织发育水平偏低。与日本、韩国等发达国家专业化的儿童服务类社会组织相比，我国儿童服务类专业社会组织的发育程度整体较低，而面向农村留守儿童的专业化社会组织的发展水平更是有限。一方面，与公办机构相比，面向农村留守儿童的社会组织在财务能力、影响力等方面仍然处于弱势地位，多数社会组织的服务半径相对有限，在很大程度上影响到其可持续发展。另一方面，留守儿童关爱服务尤其是紧缺的心理疏导等服务对专业知识的要求较高，多数社会组织难以达到相关标准要求，从而使关爱服务的社会参与受到很大制约。

二是地区之间社会组织的发展不平衡。从社会组织自身发展来看，东部地区社会组织发育程度明显高于中西部地区，由社会组织所提供的农村留守儿童关爱服务项目在种类、数量、质量和发展能力上表现突出。从政府支持社会组织发展来看，中西部地区明显弱于东部地区，如北京、上海、天津、山东、江苏等地均明确提出了支持社会组织开展农村留守儿童关爱服务的具体举措，而西部地区很多省份只是在实施意见中提出了支持社会组织参与的原则性建议，缺乏明确的配套支持措施。

三、文本分析得到的启示

基于农村留守儿童关爱服务项目文本分析发现的不足，课题组认为未来我国在农村留守儿童关爱服务项目建设过程中，应从以下几个方面进行强化。

（一）统筹推进项目标准建设

一是加强全国层面统筹。加快制定完善国家层面的农村留守儿童关爱服务项目标准化指导意见。突出地方特色，鼓励地方根据当地农村留守儿童的特点，构建地方性农村留守儿童关爱服务标准体系。坚持制度创新，积极构建表达、决策、合作、协调、评估、激励、问责机制并促进其相互衔接。

二是推动地方农村留守儿童关爱服务项目试点合作。积极推动发达地区与欠发达地区在农村留守儿童关爱服务项目各领域开展试点合作，在制度建设、人员配置、物质帮扶等领域建立全方位的点对点帮扶机制。发挥民政、团委、妇联、教育系统等群团组织和政府部门的作用，以保证资源的合理调配与统筹安排。

三是加强信息化手段运用。依靠现代化信息技术手段，加强农村留守儿童数据搜集、研判。鼓励支持地方积极对农村留守儿童进行信息甄别，完善农村留守儿童信息库，并通过动态调整，精准动态监测农村留守儿童各方面的需求。

（二）积极引导多方力量参与

一是推进校园、家庭、社会合力构建深化干预机制。加强对农村留守儿童家长和其他监护人的指导培训，在现阶段儿童关爱和保护体系下延伸关爱服务功能，在农村留守儿童所在的村、社区、学校、家庭等重要活动领域加强儿童关爱和保护体系功能建设。政府、公益组织、农村社区要多方面介入农村留守儿童工作，为农村留守儿童提供多维度保护，持续改善农村留守儿童的受教育条件和营养健康状况。

二是加强农村留守儿童工作人才队伍建设。持续提升儿童主任、儿童督导员的专业化能力。加强儿童社会工作人才队伍的建设力度，提升农村留守儿童关爱保护工作的专业化水平。在培养的途径上，高校可依托自身资源优势，结合当下儿童保护工作的实际需要，促进儿童福利、儿童社会工作等相关专业的开办和发展；各儿童服务机构、儿童福利事业单位以及县（区）、镇（乡）、村（居）机构的儿童保护相关人员，可通过在职培训、学习等形式，深化儿童保护理念，促进留守儿童关爱服务的专业化、职业化。推动儿童社会工作职业化发展，提升各层次高校儿童社会工作专业人才培养质量。积极引导具有专业知识和能力的社会工作者参与农村留守儿童关爱保护工作。

三是培育发展面向儿童的社会工作服务机构。发展以农村留守儿童为重点服务对象的社会工作服务机构。推进乡镇（街道）社会工作服务站点建设，社会工作服务站点在乡镇（街道）党委政府的领导下采取定点服务、巡回服务等方式提供关爱保障服务。鼓励政府向儿童类社会组织购买社会服务。以“儿童优先”为原则，促进农村留守儿童关爱服务项目与社会工作在贴合儿童身心特点的基础上相融合。

参考文献

［1］陈丽，王晓华，屈智勇．流动儿童和留守儿童的生长发育与营养状况分析［J］．中国特殊教育，2010（8）：48-54.

［2］韩嘉玲，张妍，王婷婷．农村留守儿童的家庭监护能力研究［J］．

南京工业大学学报（社会科学版），2016，15（2）：82–91.

［3］姜丽．吉林省农村留守儿童教育贫困及精准扶贫路径分析［J］．兰州学刊，2020（5）：162–173.

［4］沈纪．留守和流动对儿童健康的影响——基于儿童健康综合测量的一项研究［J］．江苏社会科学，2019（1）：80–90.

［5］王妍，白钰，刘承芳，等．父母返乡对留守儿童学业表现的影响——基于西北贫困农村130所学校的研究［J］．劳动经济研究，2019，7（1）：78–98.

［6］王运彩．贫困地区留守儿童心理危机咋干预［J］．人民论坛，2020（8）：64–65.

［7］杨狄，刘征峰．农村留守儿童监护制度的虚置及其反射性改革［J］．湖湘论坛，2018，31（4）：112–123.

［8］杨清溪，刘燕．需为农村留守儿童教育实践准确定位［J］．中国教育学刊，2019（4）：22–27.

［9］赵军．留守儿童性被害问题定量研究——以“猥亵型性被害”为中心［J］．东南大学学报（哲学社会科学版），2019，21（3）：86–96，147.

［10］赵昀，李杨，周翔．拓展训练对留守儿童心理弹性和生活满意度影响的研究［J］．现代预防医学，2019，46（2）：258–261.

专题报告三

农村留守儿童关爱保护调研报告

为全面了解农村留守儿童的现状和特点，发现农村留守儿童关爱服务的经验和问题，找准农村留守儿童关爱服务的缺口和短板，进一步加强农村留守儿童关爱保护工作，课题组于2020年9月赴安徽省宿州市开展实地调研。一是通过与政府部门有关人员，代表性社会组织、儿童福利机构、未成年人救助保护机构等有关人员，以及留守儿童较为集中的中小学的校长座谈，了解当地农村留守儿童关爱保护工作基本情况；二是实地走访，前往宿州市留守儿童较多的农村，对村干部、儿童主任、留守儿童班主任、留守儿童监护人进行访谈，了解农村留守儿童现状和关爱服务供需情况等。

一、安徽省农村留守儿童基本情况

安徽省是我国主要的劳动力输出地之一，是传统农业大省，也是农村留守儿童较多的地区。安徽省统计局数据显示，2019年，全省常住人口为6365.9万人，占全国总人口的4.5%，居全国第8位、中部第3位。全省户籍人口为7119.4万人，人口净流出753.5万人。2019年，全省常住人口城镇化率为55.81%，低于全国4.79个百分点，居全国第22位、中部第5位。其中，宿州市常住人口为570万人，常住人口城镇化率仅为43.96%，比全省低11.85个百分点，比全国平均水平低 16.64 个百分点。

在农村留守儿童规模上，2018 年，安徽省农村留守儿童规模为 73.6 万人，占全国农村留守儿童总量的比例达 10.6%，居全国第 2 位，仅次于四川省（76.5 万人）[①]。从调研情况来看，近几年，调研地区农村留守儿童数量变化并不明显。在一些以传统农业为主的农村社区，留守儿童的数量占当地儿童总数的一半左右。如本次调研前往的 L 县某村，外出务工人员占全村青壮年劳动力的 80% 以上，全村 16 岁以下儿童中四成左右是留守儿童。

在农村留守儿童年龄分布上，调研地区农村留守儿童主要集中在义务教育阶段，尤其是小学阶段。以 L 县为例，2020 年全县农村留守儿童中，小学阶段及以下儿童占全部留守儿童的比重约为 90%，其中，大部分为小学阶段。

二、安徽省农村留守儿童关爱服务的有益探索

（一）政府：制定地方标准，推进机构和队伍建设

1. 探索制定地方服务标准

2017 年制定出台《安徽省儿童保护专干工作规范》，以多部门文件形式，明确了儿童主任的主要职责，包括对儿童及其家庭提供儿童照顾和发展方面的科学指导，开展儿童信息筛查与管理，宣传儿童福利与儿童保护法规、政策，维护儿童基本权益等，重点解决了儿童主任是什么、干什么、怎么干等问题。

① 数据来源于民政部根据全国农村留守儿童和困境儿童信息管理系统统计发布的我国农村留守儿童规模数据。

2019年12月，率先在全国颁布首个省级《儿童主任服务规范》（安徽省地方标准DB 34/T 3511 — 2019），针对农村留守儿童关爱服务，提出了定期走访、信息上报、监护评估、监护指导、监护确认、强制报告、亲情抚慰、心理疏导、安全教育九个方面的具体服务标准。

2. 推进儿童之家等机构建设

近年来，安徽省各级民政部门通过统筹福彩公益金、引入社会资本，加快推进村（居）儿童之家建设。其中，六安市金寨县将村（居）儿童之家运转经费纳入财政预算，按照每个儿童之家2万元的标准提升服务水平。2020年，安徽省妇儿工委以先建后补的形式，按每个项目3.8万元的标准，在全省推进城乡社区儿童之家公共服务项目建设。

3. 加强基层儿童工作队伍建设

通过整合妇女主席、计生专干的力量，设立乡镇（街道办事处）儿童督导员、村（居）儿童主任（儿童保护专干），实现工作队伍全覆盖。乡镇（街道办事处）儿童督导员和村（居）儿童主任信息实现动态管理。制定了“省级培训骨干、市级培训督导员、县级培训儿童主任”的培训制度，2018—2020年累计培训数万人次。肥东县通过政府购买服务的方式，按照每人每年4.5万元的标准，为全部乡镇和村（社区）配备专职的儿童工作队伍，增强基层儿童工作能力。

4. 建立定点帮扶机制

宿州市成立了由分管副市长任组长，民政、教育等26个职能部门为成员的领导小组，26个成员单位分别联系1个乡镇，成员单位每年要至少2次赴联系点开展工作。南陵县民政局与灵璧县民政局结对帮扶，通过帮扶资金开展儿童专干业务培训、留守儿童之家建设等，显著改善了灵璧县留守儿童关爱服务硬件设施条件。

（二）学校：建立健全教育关爱体系

1. 改善寄宿制学校条件，建设儿童之家

加快农村寄宿制学校标准化建设进程，为留守儿童提供良好的学习和生活条件。依托闲置校舍建设留守儿童之家，配置亲情电话、视频聊天设备，添置少儿图书、体育活动器材等，为农村留守儿童提供安全可靠、管理有序的校外活动场所。

2. 建立留守儿童档案，并开展定期或不定期的教师家访

档案涵盖了留守儿童基本情况、免费体检及保健登记簿、学校成长记录、儿童获奖登记及学习记录、每月连心记录、享受政策优惠待遇记录等资料。对留守儿童实行动态监测和管理，对发现的突出问题积极反馈，并做好跟踪处理。组织教师定期或不定期对留守儿童进行家访，及时了解和反馈学生的生活、学习情况。

专栏：宿州市苗安中学关爱农村留守儿童

参加一项课外兴趣小组活动。苗安中学创建各种课外兴趣小组，如书法兴趣小组、绘画兴趣小组、剪纸兴趣小组、音乐兴趣小组、体育兴趣小组等，组织留守儿童至少参加一项课外兴趣小组活动，丰富留守儿童的课余生活。

谈一次心。代理家长每周与留守儿童谈一次心，了解他们一周的学习、情绪、交友、身体等情况，交流感情，培养学生良好的心态和健康的心理。

读一本好书。老师或代理家长指导留守儿童每学期读一本好书、写一篇读后感，陶冶学生的情操，并将优秀的学生作品推荐

给教育部门举办的读书大赛活动。

过一个快乐的生日。各班将留守儿童生日记入档案，开展为留守儿童赠送一张生日卡、写一篇生日感言、送一句生日祝福等形式多样、内容丰富、简便易行、温馨祥和的活动，让每位留守儿童过一个快乐的生日。

做一件有意义的事。老师或代理家长引导留守儿童做一件有意义的事，为家庭、为学校、为班集体增光添彩，培养留守儿童的荣誉感和上进心。

（三）社会：社会组织、志愿者合力关爱

1. 将农村留守儿童关爱服务纳入政府购买服务指导目录

发布《关于印发安徽省民政厅政府购买服务指导性目录的通知》，将农村留守儿童关爱保护和困境儿童保障纳入政府购买服务指导目录，支持社会组织为农村留守儿童和困境儿童提供多种形式的专业服务。安徽省2019年度累计实施政府购买农村留守儿童关爱保护和困境儿童保障服务项目74个，项目涵盖信息排查、监护评估、个案干预、心理疏导、工作培训等多个方面。

2. 促进社会工作专业人才参与

安徽省市场监管局发布《农村留守儿童社会工作服务指南》《专业社会工作督导规范》，推动社会工作专业人才在农村留守儿童关爱保护中发挥积极作用。

3. 社会力量推动关爱服务方式创新

安徽省蚌埠市与爱佑基金会合作开展“叠加监护”项目，对监护

情况较差的农村留守儿童安排一名辅助监护人，给予辅助监护人每人每月 350 元的工作补贴，既有效缓解了基层工作力量不足的问题，又聚焦儿童需求，提升了农村留守儿童监护质量。通过前移政府监护兜底责任，确保事实无人抚养未成年人及时更换监护人，及时纠正监护失控或监护不当的行为。

安徽省农村留守儿童关爱服务项目和标准如表 1 所示。

表 1　安徽省农村留守儿童关爱服务项目和标准

类别	服务类型	服务项目	服务对象	服务标准	依据
儿童生存发展类	安全	家庭访视	全体儿童	每年不少于 1 次对村（居）内儿童开展家庭访视，了解儿童的生存、发展及参与权利落实情况	《儿童主任服务规范》
	安全	侵害上报	全体儿童	发现儿童失踪，脱离监护单独居住生活，受到性侵害、出卖、遗弃、虐待、暴力伤害，被监护人或者其他人教唆、利用而实施违法犯罪行为，受到胁迫、诱骗、利用而实施乞讨行为，出现自伤/自杀行为时，第一时间向公安机关报告	《儿童主任服务规范》
	安全	定期走访	农村留守儿童	每季度走访 1 次农村留守儿童家庭，核实农村留守儿童基本生活保障、家庭监护、就学及身心健康等情况	《儿童主任服务规范》
	安全	信息上报	农村留守儿童	发现农村留守儿童及其监护人、受委托监护人信息发生变化的，父母携带子女一起外出生活或者至少一方留家照料的，5 个工作日内上报儿童督导员	《儿童主任服务规范》
	安全	安全教育	全体儿童	宣传未成年人保护方面的法律法规，开展儿童安全教育。引导农村留守儿童父母及受委托监护人加强儿童自护教育。在寒假、暑假等重点时段，开展防溺水、用电、用火、防拐骗、防性侵、交通和出行安全等方面的安全教育	《儿童主任服务规范》

续表

类别	服务类型	服务项目	服务对象	服务标准	依据
儿童生存发展类	安全	强制报告	农村留守儿童	发现农村留守儿童脱离监护单独居住生活或失踪、监护人丧失监护能力或不履行监护责任、疑似遭受家庭暴力、疑似遭受意外伤害或不法侵害等情况的，第一时间向公安机关报告	《儿童主任服务规范》
	生活	社会救助	贫困家庭儿童	向监护人告知最低生活保障、临时救助等社会救助、社会福利政策的具体内容及申请程序	《儿童主任服务规范》
	健康	医保及医疗救助	重病儿童	向监护人告知基本医疗保险、大病保险、医疗救助等医疗政策的具体内容及申请程序；跟进重病儿童的治疗与康复情况；协助医疗部门为儿童链接定向治疗项目	《儿童主任服务规范》
	健康	康复护理	重残儿童	向监护人告知基本生活补助、护理补贴以及康复救助等政策的具体内容及申请程序，提供残疾康复服务和受教育支持	《儿童主任服务规范》
	教育	控辍保学	全体儿童	发现义务教育阶段失学辍学的儿童，及时与学校取得联系，协助督促失学辍学儿童监护人依法送适龄儿童入学接受义务教育，在复学前每个月至少进行1次家访	《儿童主任服务规范》
	心理	心理疏导	农村留守儿童	引导农村留守儿童父母及受委托监护人关注留守子女的心理健康。发现农村留守儿童有产生行为偏差、心理失当等潜在风险，应及时予以疏导。发现农村留守儿童已经出现行为偏差、心理失当情形的，第一时间向儿童督导员报告	《儿童主任服务规范》
	心理	心理健康评估与干预	试点3个乡镇的农村留守儿童	对有心理问题的农村留守儿童开展团扶和2~3周一次的专业心理辅导	宿州市心理卫生学会“关爱小树苗”项目

续表

类别	服务类型	服务项目	服务对象	服务标准	依据
家庭赋能类	监护监督	监护评估	农村留守儿童	根据农村留守儿童生活、教育、身心健康等方面的保障情况进行评估，分为监护情况较好、一般、较差三类	《儿童主任服务规范》
	监护监督	监护指导	全体儿童	督促监护人加强对有沉迷网络倾向儿童的教育。发现尚未办理户籍的儿童，指导监护人按规定办理落户，在落实户籍前每个月至少进行 1 次家访。对农村留守儿童中监护情况较差的进行督导与劝诫，或更换受委托监护人	《儿童主任服务规范》
	监护监督	监护确认	农村留守儿童	受委托监护人签订委托监护责任确认书	《儿童主任服务规范》
	监护监督	“叠加监护”	农村留守儿童	对监护情况较差的农村留守儿童，安排一名辅助监护人	爱佑基金会“叠加监护”项目
	抚养指导	亲情抚慰	农村留守儿童	引导农村留守儿童父母每月至少与留守子女联系 1 次。发现农村留守儿童父母 3 个月以上未与留守子女联系的，应及时予以纠正	《儿童主任服务规范》
	抚养指导	养育指导	全体儿童	为儿童监护人提供儿童照顾和发展方面的科学指导	《儿童主任服务规范》
家庭赋能类	返乡扶持	返乡创业就业支持	农民工	将有创业意愿的返乡农民工纳入免费创业培训范围，开展农民工返乡创业就业宣传	宿州市人社局

资料来源：课题组根据调研资料整理得到。

三、农村留守儿童产生原因及关爱服务需求特征

（一）儿童留守的主要原因

调研组选取留守儿童较为集中的农村，对农村留守儿童监护人和乡镇村基层干部进行了深度访谈，当问及阻碍农村留守儿童家长将子女带进城生活的原因时，“上学难、上学贵”被列为重要原因，没时间和精力照看、工作不稳定、父母不重视等也是普遍反映的制约因素。

1. 就学升学两难：随迁子女“进不了公立校”“中考高考两地受限”

（1）在迁入地面临入学困难。安徽省外出农民工务工地多集中在上海、杭州等长三角城市，受访留守儿童监护人普遍表示，孩子难以在父母务工地上学，或在父母务工地上学花费太高，是造成当地留守儿童现象的主要原因。国家统计局2019年的调查数据也显示，五成以上的农民工反映随迁子女在城市上学面临问题。

（2）在迁入地和迁出地升学都受到限制。除了入学以外，受访者还反映，随迁子女面临无法顺利参加中考、高考等升学难题。在高中考大学阶段，随迁子女无法在父母务工地参加高考。在初中升高中阶段，教育部门规定必须有本地三年学籍才能升入本地高中，因而农民工子女在整个初中阶段只能选择留守，进而导致农民工子女随迁就读小学的意愿大大降低。

2. 子女随迁成本高：“挣的钱还不够孩子上学”“没时间看孩子”

（1）农民工收入偏低，随迁子女生活支出压力大。农民工在城市打工，往往面临生活成本高和收入低的矛盾，如果将子女带在身边，

会面临更大的经济压力，特别是随迁子女上学费用高的问题突出。访谈中多位监护人提及这一问题："进不了公立小学，把孩子带上的话，只能进私立学校，挣的钱还不够孩子上学的。""打工子弟学校一学期学费要一万，加上补习的费用，一年下来要三万以上。"

（2）农民工流动性高，工作和居住的稳定预期偏低。农民工的工作稳定性相对较低，很多人难以在一个地方稳定工作和居住，较高的流动预期也增加了子女随迁的难度。

（3）农民工超时劳动现象普遍，无暇照料子女。从农民工就业行业来看，以制造业、建筑业等劳动密集型行业为主，农民工超时劳动现象非常普遍，且没有稳定的工作预期。国家统计局发布的《2015 年农民工监测调查报告》显示，85% 左右的农民工每周工作超过 44 小时，四成左右的农民工每天工作超过 8 小时。武汉总工会针对全市进城农民工的调查发现，35% 的农民工日工作时间在 12 小时以上，53% 的农民工工作 8~12 小时，法定节假日按规定放假的仅为 32.7%，基本没有带薪休假。[①]

"你们问到为什么他们去打工了，不带孩子去，不能上学只是一个原因，更多原因是他们从事的工种不允许。小孩本身就小，打工带着他早出晚归，小孩怎么办？跟搁家里有什么区别？还不如在家里面，有什么突发情况，家里还有亲戚，不然的话还不是换个地方留守。"——某民政干部

3. 家庭理念因素：父母认识不到位，"不认为留守是问题"

除了外在因素之外，农村留守儿童家庭理念问题也是造成儿童

① 王荣海 .3 成农民工每天工作逾 12 小时［EB/OL］. 新浪新闻，2007-07-24.

留守的重要因素，即父母对儿童留守问题缺乏认识，不了解长期留守对孩子和家庭造成的负面影响。农村留守儿童家长普遍缺乏家庭教育的知识和能力。一些家长认为孩子不上学也可以生活得很好，调研反映大多数留守儿童初中毕业就外出务工；还有部分家长认为教育是学校的事情，家长的责任就是让孩子吃饱穿暖，尽量满足他们的物质需要。

“还有一个因素是没有把孩子带在身边的意识，对这方面不重视。初中毕业的在外打工一个月有可能挣一万多，一年一二十万的。虽然没上学，但打工不是很好吗？车买了，房子也买了。”——某村干部

（二）需求重点：从注重生存到注重发展

1. 公共教育——需要更加公平和更多选择

子女就学困难是很多家庭选择让孩子留守的重要原因，因此“控辍保学”是目前农村留守儿童关爱保护工作的重要内容。仅仅保障留守儿童进入学校显然不能解决其面临的教育难题。从儿童发展的需求来看，应尽量保障儿童与父母生活在一起，避免家庭教育缺失对儿童成长产生消极影响。为此，在迁入地为随迁儿童提供公平的、相对充分的学位是关爱服务政策的优先选择。在迁入地难以满足入学需求的情况下，对返乡入学、升学的儿童应具有更多的包容性。

2. 安全保障——需要更加关注监护盲区

安全保障是农村留守儿童的重要需求之一。我国《民法典》明确规定“父母是未成年子女的监护人”，而监护缺失是农村留守儿童面临的关键问题，也更容易让留守儿童遭受意外伤害或成为不法分子侵害的对象。从调查情况来看，地方各级政府部门以及学校开展了定期

走访、安全教育等服务，在保障农村留守儿童安全方面取得了较为明显的效果。但相对于其他儿童，监护人对留守儿童的监护往往存在更多的盲区。

3. 亲情陪伴——关爱缺失难以用物质补偿

从调研情况来看，在经济上，大部分农村留守儿童家庭并不困难。对于农村留守儿童而言，其服务需求不再局限于基本生活照料、基本教育等方面，还包括亲情关爱、心理健康等需求。可以说，他们缺少的更多是来自父母的亲情关爱和家庭温暖。从统计数据来看，根据国家统计局发布的《2019 年农民工监测调查报告》，2019 年我国农民工月均收入为 3962 元，外出农民工月均收入为 4427 元，高于农村居民人均可支配收入。

“据您平常观察，留在家里的这些孩子和村里其他的孩子相比，有哪些最明显的区别呢？”“应该说现在物质都不缺，留守儿童家庭经济情况总体上比其他家庭还好一些，缺的是父母的陪伴关心。”

4. 心理健康——不能给留守儿童留下内心阴影

课题组在农村社区进行走访座谈和入户调查发现，农村留守儿童（特别是单亲家庭的留守儿童）与其他农村儿童最大的区别体现在性格方面。我们在调研中遇到的留守儿童大多性格内向、缺乏自信心，留守生活对儿童尤其是低龄段儿童的心理健康发展带来了明显的消极影响。

“爷爷奶奶看着的孩子在学校里面受到欺负以后，他们第一件事就是先骂自己的孩子，说你自己是不是捣蛋或者怎么样，长此以往孩

子的心理会产生变化，容易自卑，没自信，他认为做什么事都做不好。”——某小学班主任

四、农村留守儿童关爱保护存在的问题与面临的挑战

（一）更多聚焦于儿童自身发展，家庭赋能相对不足

从当前农村留守儿童关爱服务的内容来看，大多聚焦于儿童的安全、教育等生存和发展需求，如定期走访、信息上报、安全教育、强制报告、控辍保学等。但也应注意到，加强农村留守儿童关爱保护工作不仅是各级政府的重要职责，也是家庭的重要责任，应为家庭赋能，更好地发挥家庭在农村留守儿童关爱保护工作中的功能和作用，尤其是要补足农民工家庭帮扶支持、促进农民工市民化方面存在的短板。

（二）更多聚焦于物质帮扶，儿童亲情关爱、心理健康等需求难以满足

从调研情况来看，农村留守儿童的服务需求不单是生活照料等生存需求，当前农村留守儿童关爱服务的供需缺口更多体现在亲情关爱、心理健康等方面。这其中，亲情关爱离不开家庭，政府和社会难以替代。因此，既要发挥政府的主导作用，更要增加家庭的责任。

（三）服务供给能力薄弱，不可持续问题突出

首先，人力资源严重缺乏。一是基层工作人员不足。儿童督导

员、儿童福利专干不专，绝大多数为兼职工作人员，基层工作繁多，“上面千条线，下面一根针”，没有足够的精力开展关爱保护工作。以某村儿童主任为例，其同时也是村妇女主任，兼计生专干，还兼民政专干。二是缺乏专业社会工作人才。农村留守儿童关爱服务需要由专业人才提供，但当前相关人员大都未经过专业培训，缺乏相关的专业知识、方法、技巧，仅提供常规性的物质帮扶、精神抚慰，难以有效解决问题。

“从大的方面来说，这个（留守儿童关爱服务）体系已经建立了，但是我们的儿童专干，说白了她拿一份工资干了很多岗位的工作，没有一个专职的人去干这个事儿。实际上有很多大的问题我们不能解决，并且儿童主任的精力有限、时间有限，也不能全面地照顾过来。实际上要真正解决根本的问题，还是要通过他们的父母。”——某村干部

其次，在机构建设上，以一过性投入为主，缺乏可持续的资金保障。例如，儿童之家为农村留守儿童关爱活动的开展提供了场地，但在后续的机构运营上，缺乏可持续的财力投入。

（四）社会力量参与力不从心，难以形成多方合力

社会力量尤其是专业化的社会工作人才队伍，是农村留守儿童关爱服务提供中不可或缺的重要力量，对于回应农村留守儿童心理服务需求、促进农村留守儿童全面健康成长具有积极作用。目前，中西部地区农村留守儿童较多，但社会组织欠发达，社会力量对农村留守儿童关爱服务工作的参与明显不足。

五、完善农村留守儿童关爱服务体系的建议

（一）明确服务体系发展方向

1. 儿童优先：促进儿童发展，充分保障儿童权利

在农村留守儿童关爱保护基本公共服务项目选取和标准设定中，优先考虑儿童的利益和需要。秉承儿童利益最大化的原则，多方了解儿童的情况和真实需求，最大限度地保护和实现儿童的权益。

2. 立足当前：更加注重家庭赋能，多方合力增加关爱服务供给

一是加强农村留守儿童家庭教育。加强对留守儿童父母的指导和培训，促进留守儿童父母了解家庭教育知识，增强家庭观念，在家庭发展中首先考虑儿童利益，确保农村留守儿童得到妥善监护照料、亲情关爱和家庭温暖。

二是政府发挥主导作用，尽力而为，量力而行。既要尽可能地保障农村留守儿童生存和发展的基本需求，又要考虑与财力保障相匹配，坚持尽力而为、量力而行，还要避免产生由福利陷阱带来的留守儿童家庭逆向选择问题。坚持在发展中兜住底线，提供与经济社会发展阶段和财政水平相适应的服务。

三是加快社会组织培育，推进儿童社工组织等专业社会组织的培育孵化工作。积极鼓励和支持社会力量参与提供农村留守儿童关爱服务，通过购买社会服务等方式，培育和发展相关社会组织，引导其积极承接公共服务项目，为留守儿童及其家庭提供有针对性的教育指导、社会关爱等服务。

3. 标本兼治：更加注重源头治理，从根本上减少留守儿童现象

一是加大对农民工融入城市生活的帮扶支持力度，破除留守儿童入学升学政策阻碍。对流入地，强化流入地支持农民工未成年子女接受义务教育的责任；对流出地，在避免中考移民的情况下，放开农民工未成年子女中考学籍限制。推进农民工市民化，在生活居住、义务教育等方面提供更多的帮扶支持，为其监护照料未成年子女创造更好的条件。

二是促进县域经济发展，支持和引导农民工返乡创业就业。积极承接东部地区产业转移，结合区位和资源特点，加快发展地方优势特色产业，为农民工返乡创业就业提供便利条件。

（二）完善关爱服务内容：需求导向，分类施策

在服务项目上，考虑到农村留守儿童中不同群体服务需求的差异性和基本公共服务的兜底性，应面向全体农村留守儿童、农村留守儿童中的困难群体和重点群体三类主要人群，提供有针对性的不同类型的关爱服务。

1. 面向全体农村留守儿童

（1）提供监测和评估服务。建立儿童档案，开展定期走访，进行儿童及家庭状况评估。

（2）提供救助保护服务。完善以强制报告、应急处置、评估帮扶、监护干预为主要内容的未成年人救助保护机制。

（3）提供公共教育服务。对流入地，强化流入地支持农民工未成年子女接受义务教育的责任；对流出地，在避免中考移民的情况下，放宽农民工未成年子女中考学籍限制。

（4）提供家庭教育服务。进一步引导农村留守儿童父母强化监护责任

意识，加强亲情互动，提高沟通能力，同时更加注重正确家庭观念的教育和宣传。

（5）提供心理健康评估与干预疏导服务。开展普遍的心理健康评估，对因遭遇性骚扰、家庭暴力、儿童暴力等而产生心理问题的农村留守儿童开展心理干预和疏导。

2. 面向农村留守儿童中的困难群体

通过定期评估，识别农村留守儿童中的家庭经济困难群体，提供基本生活支持政策，并与低保等社会救助政策相衔接。

3. 面向农村留守儿童中的重点群体

通过监测和定期评估，对农村留守儿童中监护情况较差、失学辍学、无户籍、患病残疾、父母离异等重点儿童有针对性地提供监护监督与指导、控辍保学、医疗救助服务。

（三）优化服务供给

1. 服务标准设置

主要思路：国家设立农村留守儿童关爱保护基本公共服务项目和服务标准，各地在充分保障国家标准的基础上可根据需求和财力状况进行增补；充分整合现有服务资源，合理开发新增服务资源。

（1）已有服务项目。一方面，需要根据各地实施情况，在原有标准的基础上进行统一调整；另一方面，按需适度增加支出，提高服务供给能力和水平，如针对服务人员不足的问题，对儿童主任进行一定额度的财政补贴。

（2）新增服务项目。一方面，可以融入各部门的工作内容统筹推动，如家庭教育服务，通过民政部门常态化开展的“政策宣讲进村（居）”活动进行落实；另一方面，可以逐步推广各地成功的探索实践，如心理健康评估与干预疏导项目，通过政府购买服务等方式，培育社会组织，为农村留守儿童提供全覆盖的干预服务。

（3）重视配套建设。一是重视开展关爱服务活动所需场所、设备等基础设施的建设，支持儿童福利机构为农村留守儿童及其家庭提供支持服务；二是重视人力资源建设，重点加强对儿童主任、各级学校教师、临时监护人员及社会工作者、志愿者的支持；三是重视发挥各类社会组织的作用。

2. 支出责任划分：中央和省级为主

东部地区为农民工净流入地，中部和西部地区为农民工净流出地。作为农民工流出地的中西部地区经济水平与财政能力普遍较弱，对中央转移支付的依赖程度较大；同时，输入地政府解决农民工市民化问题的积极性不高。因此，应合理分担财政支出成本，中西部地区农村留守儿童关爱服务的相关财政成本主要由中央政府承担，东部地区按财力状况由中央和地方合理分担，并且地方支出部分主要由省级政府承担，不增加基层财政的压力。

专题报告四

农村留守儿童关爱服务供给和需求问卷调查数据分析报告

为了全面了解不同地区农村留守儿童关爱服务供给和需求情况，在2020年9月对安徽省宿州市开展实地调研的基础上，课题组于2020年10月至11月在东部的江苏省、中部的安徽省和西部的甘肃省，对农村留守儿童监护人及村干部、中小学教师等开展了补充问卷调查。

一、调研基本情况

课题组通过半结构化问卷调查方式收集农村留守儿童关爱保护服务的量化信息。在调查对象的选取上，考虑到儿童（尤其是低龄儿童）所表达的需求很难与自己的实际意愿完全匹配，同时考虑到农村留守儿童群体的特殊性，为了防止对农村留守儿童的心理造成伤害，问卷的调查对象选取熟悉农村留守儿童情况的监护人或照料人、村干部或儿童主任、中小学校长或班主任等。

在调查样本的选取上，为了全面了解不同地区的农村留守儿童情况，我们从中部、东部、西部分别选取了代表性省份。对中部地区，我们选取了农村留守儿童数量较多的安徽省[①]；对东部地区，我们选取

① 根据民政部公布的数据，2018年安徽省农村留守儿童总人数为73.6万人，仅次于四川省（76.5万人），农村留守儿童规模居全国第二位。

了农业转移人口流入大省江苏省；对西部地区，我们选取了农村留守儿童数量下降明显的甘肃省[①]。平均每个省选取农村留守儿童较多的2个县，每个县选取2~3个村。每个村选择5~6名留守儿童监护人或照料人，1~2名儿童主任或村干部，1名校长或班主任。合计调查总样本量为152人，其中，农村留守儿童监护人或照料人105人，儿童主任或村干部22人，校长或班主任25人。

二、农村留守儿童基本情况

（一）特征分布：八成为小学阶段及以下，单亲比例较高

在年龄分布上，农村留守儿童主要集中在义务教育阶段，尤其是小学阶段。在调研的190名农村留守儿童中，小学阶段及以下的有157人，占全部被调研农村留守儿童的比重达82.6%。其中，6~13周岁的130人，占68.4%；0~5周岁的27人，占14.2%（见图1）。被调研农村留守儿童中，27人父母离异，单亲比重占到14.2%。

（二）谁来照顾：隔代照料为主，照料人多同时照料多个孩子，文化水平偏低

农村留守儿童主要由祖父母或外祖父母隔代照料。被调研农村留守儿童中约76%由（外）祖父母代为照料，约17%由亲戚代为照料，还有7%左右由邻居、父母的朋友等代为照料（见图2）。农村留守儿童监护人普遍年龄较大，学历水平不高，且多数需要同时照看2个以

① 2016—2018年，甘肃省农村留守儿童数量减少了40%以上，远高于全国同期22.7%的平均水平。

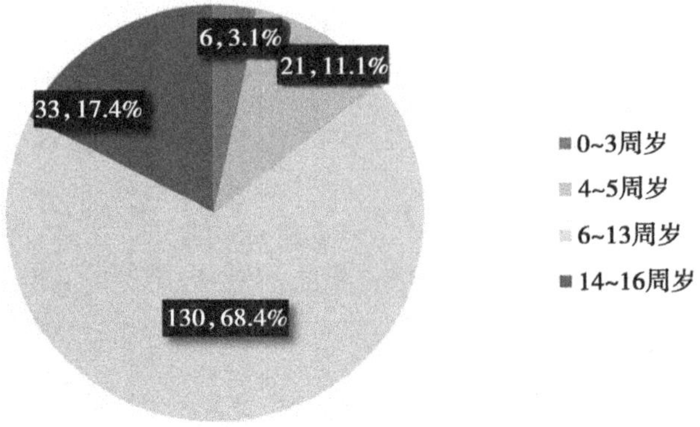

图 1　农村留守儿童年龄分布

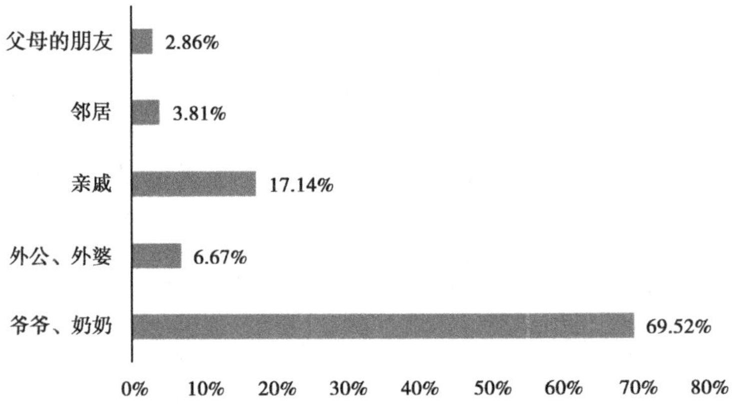

图 2　农村留守儿童照料人分布情况

上的孩子。照料人平均年龄为 56.7 岁，其中隔代照料者的平均年龄为 63.3 岁。62.9% 的照料人学历在小学及以下（在隔代照料者中，这一比例高达 75.0%），其中三成以上的照料人没有读过书（见图 3）。被调查农村留守儿童监护人人均照看的孩子数量在 2 个左右（1.9），同时照顾 2 个以上孩子的占 60%。

（三）为何留守：父母无暇照顾，城里上学贵，随迁成本高

当问及阻碍农村留守儿童家长将子女带进城生活的原因时，“上

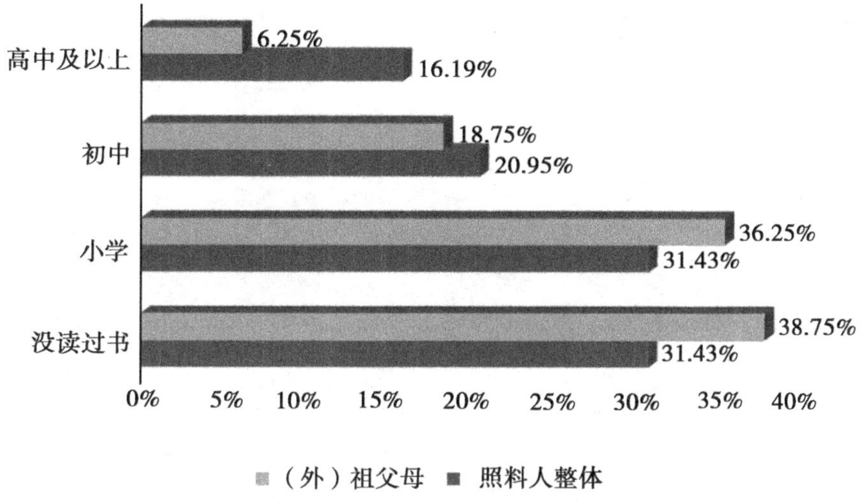

图 3　农村留守儿童监护人学历情况

学难、上学贵”被列为重要原因，包括在父母务工地无法进入公立学校、上学费用太高以及面临中高考升学困难等，父母没时间和精力照看、工作不稳定、不重视等也是普遍反映的制约因素。随迁生活成本高是儿童留守的又一重要因素，约 27% 的受访者认为城市的生活成本高是留守儿童父母选择将子女留下的原因之一。农民工在城市打工，往往面临生活成本高和收入低的矛盾，如果将子女带在身边，会面临更大的经济压力。

农民工的工作稳定性相对较低，很多人难以在一个地方稳定工作和居住，较高的流动预期也增加了子女随迁的难度。在问及孩子父母外出务工为什么不带着孩子这一问题时，超过五成的受访监护人表示留守儿童的父母难以有精力和时间来照看孩子。从农民工就业行业来看，以制造业、建筑业等劳动密集型行业为主，农民工超时劳动现象非常普遍，且没有稳定的工作预期。调查中约 85% 的留守儿童父母每天工作时间在 8 小时以上，近 30% 的父母每天工作时间超过 10 小时（见图 4）。

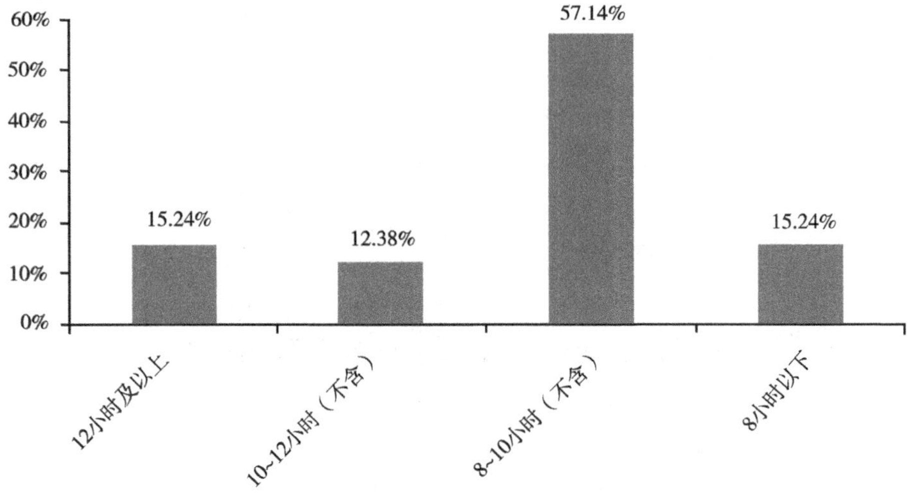

图 4　农村留守儿童父母每天工作时间

三、农村留守儿童关爱服务供需状况

（一）服务机构建设与运营：缺乏可持续保障，已有政策难以落到实处

1. 儿童之家建设情况——多数配有机构设施，但半数以上不经常开展活动

在问及村（社区）里是否有留守儿童关爱相关服务机构时，约74%的受访者表示本地建设有留守儿童之家、儿童之家、留守儿童图书室、志愿服务站等机构设施，约26%的受访者则明确表示没有相关的场所和机构。在问及是否组织农村留守儿童开展相关活动时，五成以上的受访者表示每学期仅开展几次或偶尔开展，约三成监护人表示照顾的留守儿童基本没有参加过村里组织的相关活动（见图5）。

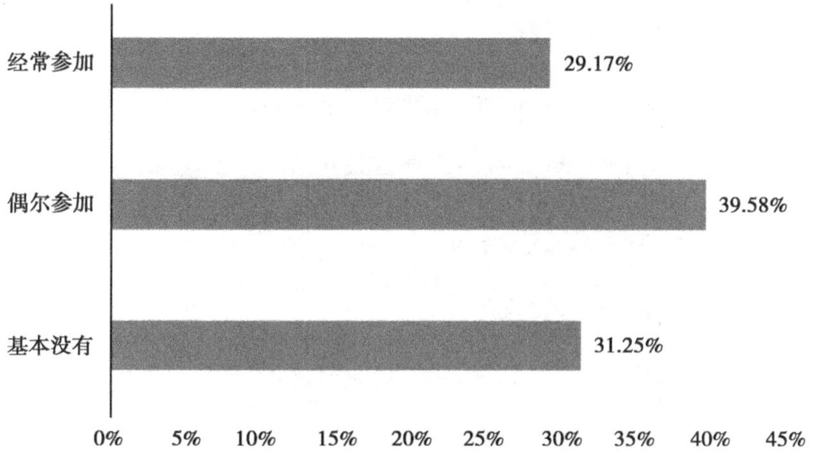

图 5　被调查农村留守儿童参加机构所开展活动的情况

2. 儿童主任配备情况——近三成被调研农村没有儿童主任，绝大多数儿童主任没有补贴

2019 年民政部等部门印发的《关于进一步健全农村留守儿童和困境儿童关爱服务体系的意见》中明确指出“村（居）民委员会要明确由村（居）民委员会委员、大学生村官或者专业社会工作者等人员负责儿童关爱保护服务工作”，建立儿童主任工作机制。

在被调查的 18 个村中，有 5 个村表示没有儿童主任或儿童专干，占 27.8%。有儿童主任或儿童专干的村中，儿童主任或儿童专干 100% 为兼职人员，均兼职妇女主任、村支书等其他职务。其中仅有 2 个村给予儿童主任 900 元或 500 元不等的补贴。

在问及农村留守儿童关爱保护工作中存在的突出困难时，受访村干或儿童主任将“缺乏专业人员”列为首要困难。此外，“缺经费”位居第二位，六成以上的受访村干和儿童主任认为当前开展农村留守儿童关爱保护工作没有专门的补贴等经费，难以实质性地开展相关关爱服务（见图 6）。

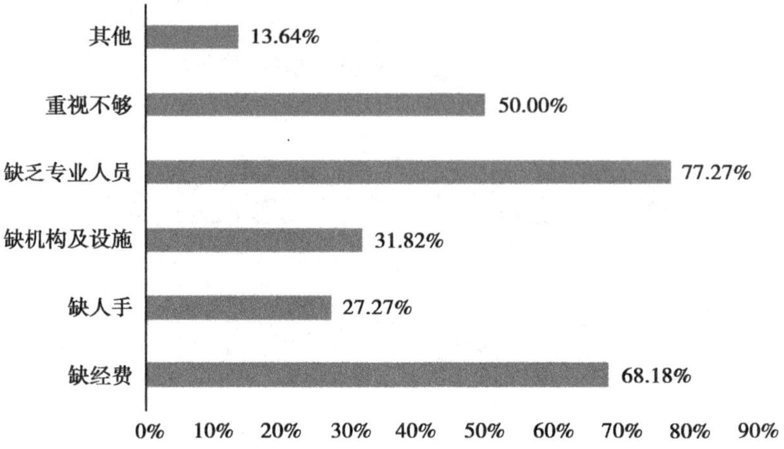

图 6　农村留守儿童关爱保护工作中存在的突出困难

从留守儿童接受服务的情况来看，尽管《关于进一步健全农村留守儿童和困境儿童关爱服务体系的意见》等文件中明确提出儿童主任等要对农村留守儿童进行定期走访，但在实际执行中，受人员、经费等多种因素的影响，政策落地还面临阻碍。调查中，超过 40% 的受访监护人表示基本没有过政府人员或志愿者、社会工作者等对留守儿童进行定期走访（见表 1）。

表 1　农村留守儿童接受定期走访的情况

选项	比例
A. 基本没有	40.63%
B. 一周一次	0%
C. 一月一次	14.58%
D. 半年一次	38.54%
E. 一年一次	5.21%
F. 其他	1.04%

（二）服务送达与需求特征：需求呈现新特征，需要更加关注源头治理

农村留守儿童长期与父母分离，亲情关爱缺失，心理健康需求难以得到满足。被访对象中，六成以上的农村留守儿童在学龄以前父母双方即开始外出务工，其中3岁以下的占到一半比重。半数以上的农村留守儿童与父母分开3年以上，约31%的儿童与父母分离时间在5年以上（见图7）。绝大多数农村留守儿童（约76%）的父母每年仅回家1~2次。几乎每天都能与孩子联系的父母占比仅为约27%，有一成左右的父母很少与子女联系（见图8）。

当问及与其他儿童相比，留守儿童是否有明显的不同时，受访者的回答中"性格内向""发呆""孤僻""自卑""胆小"等成为高频词汇（见图9、图10）。农村留守儿童大多性格内向、缺乏自信心，留守生活对儿童尤其是低龄段儿童的心理健康发展带来了明显的消极影响。当问及农村留守儿童自身需要哪些支持时，亲情关爱和心理健康

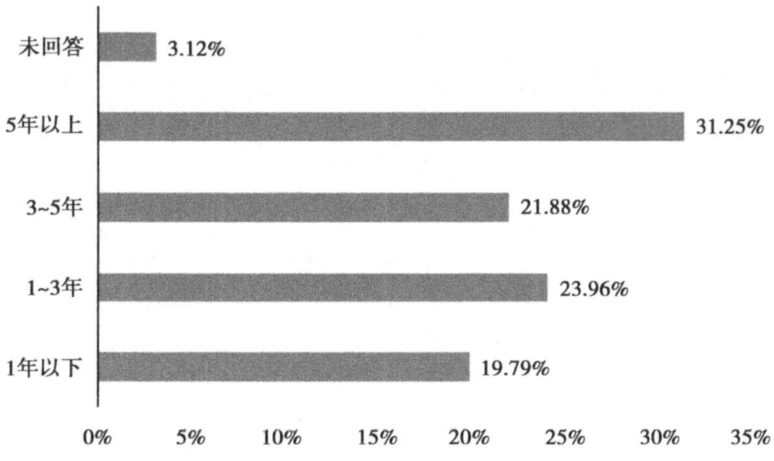

图7　农村留守儿童与父母分开生活／父母在外打工年限

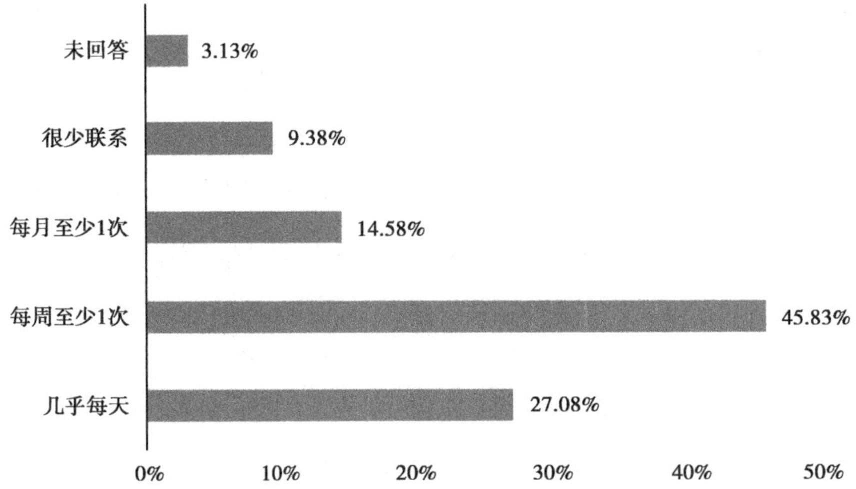

图8　农村留守儿童父母与子女联系频次

图9　农村留守儿童与其他儿童区别词云图（儿童主任）

图 10　农村留守儿童与其他儿童区别词云图（监护人）

两项服务分别居第一和第二位，平均综合得分远高于生活保障、安全保障、卫生健康和公共教育等服务（见表 2）。

表 2　农村留守儿童需要的支持

选项	平均综合得分
亲情关爱	4.52
心理健康	4.17
生活保障	3.65
安全保障	3.61
卫生健康	3.30
公共教育	1.96

附录

附录一　各省（区、市）农村留守儿童关爱保护政策主要内容汇编

序号	文件名	文号	目标	主要内容
1	《北京市民政局关于做好留守儿童关爱保护工作的通知》	京民救助发〔2016〕393 号	1. 以构建“家庭监护为主体、社会监督为补充、国家监护为保障”三位一体的监护制度为目标；2. 积极探索“市、区、乡镇（街道）、村（居）委会”四级工作体系；3. 建立日常留守儿童关爱保护工作机制，确保“十一”、元旦、春节等重大节假日不发生留守儿童安全事件，使留守儿童受侵害事件得到有效防范和遏制	1. 建立覆盖城乡四级的救助保护网络：发挥联席会议机制作用，加大区级民政部门工作力度，发挥乡镇（街道）职能作用，发挥村（居）民委员会依法维权功能；2. 做好留守儿童源头预防工作；3. 做好留守儿童发现报告工作；4. 做好留守儿童应急处置工作；5. 做好留守儿童评估帮扶工作；6. 做好留守儿童监护干预工作；7. 做好留守儿童跟踪随访工作；8. 做好信息动态管理工作
2	《天津市人民政府关于加强农村留守儿童关爱保护工作的实施意见》	津政发〔2016〕25 号	到 2020 年，依法全面建立家庭、政府、学校尽职尽责，社会力量积极参与的农村留守儿童关爱保护工作体系	1. 建立家庭、学校、社会联动衔接的关爱保护机制；2. 建立强制报告机制；3. 完善应急处置机制；4. 健全评估帮扶机制；5. 强化监护干预机制；6. 强化源头控制

续表

序号	文件名	文号	目标	主要内容
3	《重庆市人民政府关于加强农村留守儿童关爱保护工作的实施意见》	渝府发〔2016〕27 号	到 2020 年，农村留守儿童关爱保护工作体系全面建立，家庭监护责任全面落实，未成年人保护法规和制度体系更加健全，全社会关爱保护儿童的意识普遍增强，儿童成长环境不断改善、安全更有保障，儿童留守现象明显减少	1. 强化家庭监护主体责任；2. 落实区县（自治县）人民政府、乡镇人民政府（街道办事处）和村（居）民委员会职责；3. 加大教育部门和学校关爱保护力度；4. 发挥群团组织关爱服务优势；5. 推动社会力量积极参与；6. 建立强制报告机制；7. 完善应急处置机制；8. 健全评估帮扶机制；9. 强化监护干预机制；10. 积极推进农民工市民化进程；11. 引导扶持农民工返乡创业就业
4	《河北省人民政府关于加强农村留守儿童关爱保护工作的实施意见》	冀政发〔2016〕30 号	到 2020 年，全面建立家庭、政府、学校尽职尽责，社会力量积极参与的农村留守儿童关爱保护工作体系	1. 建立家庭、学校、社会联动衔接的关爱保护机制，外出务工人员尽量携带未成年子女共同生活或父母一方留家照料；2. 建立强制报告机制；3. 完善应急处置机制；4. 健全评估帮扶机制；5. 强化监护干预机制；6. 强化源头控制；7. 健全政策保护体系
5	《山东省人民政府关于加强农村留守儿童关爱保护工作的实施意见》	鲁政发〔2016〕17 号	到 2020 年，全省未成年人保护制度体系更加健全，全社会关爱保护农村留守儿童的意识普遍增强，农村留守儿童成长环境得到改善、安全更有保障，农村留守儿童留守现象明显减少，形成全社会关爱农村留守儿童的良好格局	1. 摸底排查建档；2. 强化动态管理；3. 提升信息化管理水平；4. 强化农村留守儿童家庭保护；5. 强化属地保护职责；6. 强化农村留守儿童救助保护；7. 强化农村留守儿童教育保护；8. 强化农村留守儿童司法保护；9. 发挥群团组织关爱服务优势；10. 发挥社会力量关爱帮扶作用；11. 发挥新闻媒体宣传引导作用；12. 落实农民工返乡创业就业政策；13. 落实外来务工人员子女同城待遇；14. 开展农村留守儿童家庭脱贫帮扶行动

续表

序号	文件名	文号	目标	主要内容
6	《山西省人民政府关于加强农村留守儿童关爱保护工作的实施意见》	晋政发〔2016〕33号	到2020年，家庭、政府、学校尽职尽责，社会力量积极参与的农村留守儿童关爱保护工作体系全面建立，强制报告、应急处置、评估帮扶、监护干预等农村留守儿童救助保护机制有效运行，侵害农村留守儿童权益的事件得到有效遏制，未成年人保护法规政策体系更加健全，全社会关爱保护儿童的意识普遍增强，儿童成长环境更为改善、安全更有保障，儿童留守现象明显减少	1. 强化家庭监护主体责任；2. 落实县、乡镇人民政府和村（居）民委员会职责；3. 加大教育部门和学校关爱保护力度；4. 发挥相关部门职能作用；5. 发挥群团组织关爱服务优势；6. 推动社会力量广泛参与；7. 建立强制报告机制；8. 完善应急处置机制；9. 健全评估帮扶机制；10. 强化监护干预机制；11. 加强关爱保护阵地建设；12. 加强关爱保护队伍建设；13. 为农民工家庭提供更多帮扶支持；14. 引导扶持农民工返乡创业就业
7	《中共河南省委 河南省人民政府关于加强农村留守儿童关爱保护工作的实施意见》	豫发〔2016〕12号	到2020年，未成年人保护法规规章和制度体系更加健全，全社会关爱保护儿童的意识普遍增强，儿童成长环境更为改善、安全更有保障，儿童留守现象明显减少，确保农村留守儿童在祖国同一片蓝天下茁壮成长	1. 加强党委领导；2. 强化政府责任；3. 建立部门协同机制；4. 强化家庭监护主体职责；5. 推动社会力量积极参与；6. 建立救助保护强制报告机制；7. 完善救助保护应急处置机制；8. 构建救助保护评估帮扶机制；9. 强化救助保护干预机制；10. 实行救助保护重点时段排查机制；11. 加强关爱服务阵地建设；12. 加强关爱服务能力建设；13. 积极推动农民工市民化和子女就地入学；14. 用发展促进农民工返乡创业就业

续表

序号	文件名	文号	目标	主要内容
8	《湖南省人民政府关于加强农村留守儿童关爱保护工作的实施意见》	湘政发〔2016〕17号	到2020年，在全省建立功能完备、运转高效的未成年人关爱保护体系，实现未成年人法规制度体系更加健全，社会关爱保护意识普遍增强，儿童成长环境更为改善、安全更有保障，儿童留守现象明显减少等目标	1. 切实增强做好农村留守儿童关爱保护工作的责任感；2. 完善农村留守儿童关爱保护责任体系：强化家庭监护主体责任，落实县、乡镇人民政府和村（居）民委员会职责，强化部门协同关爱保护（财政部门要完善政府购买服务制度，将农村留守儿童关爱保护工作纳入各级政府购买服务内容。要优化和调整支出结构，多渠道筹措资金，支持做好农村留守儿童关爱保护工作）；3. 建立农村留守儿童关爱保护机制：建立强制报告机制，建立应急处置机制，建立评估帮扶机制，建立监护干预机制，建立重点时段排查机制，建立信息共享管理机制；4. 着力从源头上逐步减少儿童留守现象：推动农民工均等享受公共服务，推进农民工子女就近入学，引导扶持农民工返乡创业就业，倡导和谐的婚姻家庭关系
9	《湖北省人民政府关于印发湖北省加强农村留守儿童关爱保护工作实施方案的通知》	鄂政发〔2016〕37号	到2020年，未成年人保护政策法规和制度体系更加健全，儿童学习、生活、成长环境得到明显改善，安全更有保障，生活幸福感明显提升，全社会关爱保护留守儿童的意识普遍增强，儿童留守现象明显减少	1. 全面开展农村留守儿童摸底排查；2. 强化家庭监护主体责任；3. 落实县、乡镇人民政府（街道办事处）、村（居）民委员会职责；4. 加大教育部门和学校关爱保护力度；5. 发挥群团组织关爱服务优势；6. 鼓励社会力量开展关爱行动；7. 建立强制报告机制；8. 完善应急处置机制；9. 健全评估帮扶机制；10. 强化监护干预机制；11. 为农民工家庭提供更多帮扶支持；12. 引导扶持农民工返乡创业就业

续表

序号	文件名	文号	目标	主要内容
10	《青海省人民政府关于加强农村牧区留守儿童关爱保护工作的实施意见》	青政〔2016〕84号	到2020年，未成年人保护法律法规和制度体系更加健全，全社会关爱保护儿童的意识普遍增强，儿童成长环境更为改善、安全更有保障，儿童留守现象明显减少	1.强化家庭监护主体责任；2.落实属地关爱保护职责；3.加大教育关爱保护力度；4.充分发挥群团组织关爱服务优势；5.积极推动社会力量参与关爱保护工作；6.建立强制报告制度；7.完善应急处置制度；8.建全评估帮扶制度；9.强化监护干预制度；10.引导农民工返乡就业创业，为农民工家庭提供更多帮扶支持；11.开展农村牧区留守儿童家庭脱贫帮扶行动
11	《江西省人民政府关于加强农村留守儿童关爱保护工作的实施意见》	赣府发〔2016〕31号	到2020年，未成年人保护制度体系更加健全，全社会关爱保护儿童的意识普遍增强，儿童成长环境更为改善、安全更有保障，留守儿童数量明显减少	1.加强组织领导；2.强化家庭监护主体责任；3.落实政府和村（居）民委员会职责；4.明确部门职责；5.发挥群团组织优势；6.推动社会力量参与；7.建立强制报告机制；8.完善应急处置机制；9.健全评估帮扶机制；10.强化监护干预机制；11.实行重点时段排查机制；12.积极推动农民工市民化和子女就地入学；13.有效促进农民工返乡创业就业

续表

序号	文件名	文号	目标	主要内容
11	《江西省关于进一步健全农村留守儿童和困境儿童关爱服务体系的实施意见》	赣民发〔2019〕6号	—	1. 加强机构平台建设。推进未成年人救助保护机构转型升级。2. 加强基层队伍建设。3. 加强服务标准化建设。从服务对象、服务内容、服务目标、责任追究等环节，制定农村留守儿童关爱保护和困境儿童保障工作规范和服务清单。4. 推进政府购买服务。5. 培育孵化社会组织。6. 发动社会各方参与。7. 实施“两提升、四关爱”行动。8. 强化资金保障机制。各级财政部门要将农村留守儿童关爱保护和困境儿童保障纳入政府购买服务指导性目录，将关爱服务工作经费纳入财政预算，做好经费保障。各地要统筹使用困难群众救助补助等资金，规范未成年人社会保护支出项目。省本级和市县政府用于社会福利事业的彩票公益金，要逐步提高儿童关爱服务使用比例。要加大对贫困地区儿童工作的支持力度，各地分配有关资金时要充分考虑贫困地区未成年人救助保护机构数量、农村留守儿童和困境儿童等服务对象数量，继续将“贫困发生率”和财政困难程度系数作为重要因素，向贫困地区倾斜

续表

序号	文件名	文号	目标	主要内容
12	《江苏省政府关于加强农村留守儿童关爱保护工作的实施意见》	苏政发〔2016〕104号	到2020年，全省未成年人社会保护法律法规和保障机制更加完善，全社会关爱保护儿童的法律意识明显增强，农村留守儿童现象明显减少，儿童成长环境更为改善、安全更有保障	1. 强化家庭监护主体责任；2. 落实政府主导责任；3. 加大教育帮扶和学校关爱保护力度；4. 发挥群团组织关爱服务优势；5. 引导社会力量参与关爱服务；6. 建立预警排查机制；7. 建立强制报告机制；8. 健全应急处置机制；9. 健全评估帮扶机制；10. 强化监护干预机制；11. 引导农村务工人员返乡创业就业；12. 推进农村进城务工人员市民化；13. 推动农村进城务工人员子女就地入学
13	《安徽省人民政府关于加强农村留守儿童关爱保护工作的实施意见》	皖政〔2016〕69号	到2020年，全省未成年人保护法规和制度体系更加健全，全社会关爱保护儿童的意识普遍增强，儿童成长环境更为改善、安全更有保障，儿童留守现象明显减少	1. 强化家庭监护主体责任；2. 落实县、乡镇人民政府和村（居）民委员会属地责任；3. 加大教育部门和学校关爱保护力度；4. 发挥群团组织关爱服务优势；5. 动员和凝聚社会力量参与；6. 建立信息台账制度；7. 建立强制报告制度；8. 强化应急处置机制；9. 建立评估帮扶制度；10. 强化监护干预机制；11. 为农民工家庭提供更多帮扶支持；12. 引导扶持农民工返乡创业就业

续表

序号	文件名	文号	目标	主要内容
14	《四川省人民政府关于进一步加强农村留守儿童关爱保护工作的实施意见》	川府发〔2016〕56号	到2020年，努力实现全省90%的乡（镇）、80%的村（居）民委员会以及农村寄宿制学校建有农村留守儿童关爱保护活动场所和必要的关爱设施，全省农村留守儿童关爱保护工作体系全面建立，救助保护机制有效运行，全社会关爱保护儿童的意识普遍增强，儿童成长环境更为改善、安全更有保障，儿童留守现象明显减少	1. 落实家庭监护主体责任；2. 落实县、乡（镇）人民政府和村（居）民委员会职责；3. 落实部门联动责任；4. 发挥群团组织关爱服务优势；5. 动员和支持社会力量积极参与；6. 建立健全农村留守儿童救助保护机制
15	《内蒙古自治区人民政府关于加强农村牧区留守儿童关爱保护工作的实施意见》	内政发〔2016〕75号	到2020年，旗县（市、区）未成年人救助保护机构基本实现全覆盖，未成年人公共服务保障能力得到进一步加强，法规和制度体系更加完善，全社会关爱保护儿童意识普遍增强，儿童成长环境更为改善、安全更有保障，农村牧区留守儿童现象明显减少	1. 强化家庭文明监护意识；2. 建立覆盖城乡四级救助保护体系；3. 加大教育部门和学校关爱保护力度；4. 发挥群团组织特点参与关爱服务；5. 大力引入社会力量参与留守儿童保护；6. 构建夯实农村牧区留守儿童救助保护机制；7. 加快推动农牧民工市民化和子女就地入学进程；8. 积极引导扶持农牧民工返乡创业就业

续表

序号	文件名	文号	目标	主要内容
16	《浙江省人民政府办公厅关于加强农村留守儿童关爱保护工作的实施意见》	浙政办发〔2016〕50号	—	1. 落实家庭主体责任；2. 强化政府主导作用；3. 加强部门协同联动；4. 注重发挥群团优势；5. 引导支持社会参与；6. 完善基层儿童福利督导服务体系；7. 做好义务教育控辍保学工作；8. 建立发现报告机制；9. 依法处置监护侵害情形；10. 完善帮扶转介机制；11. 健全农村留守儿童信息库；12. 加强农村儿童留守现象源头治理
17	《福建省人民政府关于加强农村留守儿童关爱保护工作的实施意见》	闽政〔2016〕44号	到2020年，未成年人保护法规规章和制度体系更加健全，全社会关爱保护儿童的意识普遍增强，儿童成长环境更为改善、安全更有保障，留守儿童现象明显减少	1. 加强政府领导；2. 加强部门联动；3. 落实家庭监护主体责任；4. 发挥群团优势；5. 推动社会参与；6. 建立强制报告机制；7. 完善应急处置机制；8. 构建评估帮扶机制；9. 强化监护干预机制；10. 建立源头预防机制
18	《中共广东省委 广东省人民政府关于加强农村留守儿童关爱保护工作的实施意见》	粤发〔2016〕23号	到2020年，未成年人保护制度体系更加健全，全社会关爱保护儿童的意识普遍增强，儿童成长环境更为改善、安全更有保障，儿童留守现象明显减少	建立完善农村留守儿童关爱保护工作体系，包括强化家庭监护主体责任、强化教育关爱保护力度、加强农民工返乡创新创业服务工作以及加强农民工家庭帮扶工作等；建立健全农村留守儿童救助保护工作体系，包括建立农村留守儿童摸底排查机制、建立农村留守儿童发现报告机制、完善应急处置和评估帮扶机制、强化监护干预机制

续表

序号	文件名	文号	目标	主要内容
19	《广西壮族自治区人民政府关于加强农村留守儿童关爱保护工作的实施意见》	桂政发〔2016〕49号	—	1. 强化家庭监护主体责任；2. 落实县、乡镇人民政府（街道办事处）和村（居）民委员会职责；3. 加大教育部门和学校关爱保护力度；4. 发挥群团组织关爱服务优势；5. 推动社会力量积极参与；6. 建立强制报告机制；7. 完善应急处置机制；8. 健全评估帮扶机制；9. 强化监护干预机制；10. 完善义务教育控辍保学机制；11. 积极推进农民工市民化进程；12. 引导扶持农民工返乡创业就业
20	《陕西省人民政府关于加强农村留守儿童关爱保护工作的实施意见》	陕政发〔2016〕32号	到2020年，未成年人保护法律法规和制度体系更加健全，全社会关爱保护儿童的意识普遍增强，儿童成长环境更为改善，安全更有保障，儿童留守现象明显减少	1. 强化家庭监护主体责任；2. 落实乡镇政府（街道办事处）和村（居）民委员会职责；3. 加大教育部门和学校关爱保护力度；4. 发挥群团组织关爱服务优势；5. 引导社会力量积极参与；6. 建立强制报告机制；7. 完善应急处置机制；8. 健全评估帮扶机制；9. 强化监护干预机制；10. 加大对农民工的帮扶力度
21	《甘肃省人民政府关于进一步加强农村留守儿童关爱保护工作的实施意见》	甘政发〔2016〕66号	到2020年，全省未成年人保护法规规章和制度体系更加健全，全社会关爱保护儿童的意识普遍增强，儿童成长环境更为改善，人身安全更有保障，儿童留守现象明显减少	1. 强化家庭监护主体责任；2. 落实县、乡镇人民政府和村（居）民委员会属地责任；3. 加大教育部门和学校关爱保护力度；4. 发挥群团组织关爱服务优势；5. 推动社会力量开展关爱服务行动；6. 健全信息管理机制；7. 建立强制报告机制；8. 完善应急处置机制；9. 健全评估帮扶机制；10. 强化监护干预机制；11. 为农民工家庭提供更多帮扶支持；12. 引导扶持农民工返乡创业就业

续表

序号	文件名	文号	目标	主要内容
22	《辽宁省人民政府关于加强农村留守儿童关爱保护工作的实施意见》	辽政发〔2016〕43号	到2020年，全省未成年人救助保护政策和制度更加健全，全社会关爱保护儿童的意识普遍增强，儿童成长环境更为改善、安全更有保障，儿童留守现象明显减少	1. 强化家庭监护主体责任；2. 落实政府责任；3. 加大教育保护力度；4. 发挥群团组织关爱服务优势；5. 推动社会力量积极参与；6. 建立强制报告机制；7. 完善应急处置机制；8. 健全评估帮扶机制；9. 强化监护干预机制；10. 为农民工家庭提供更多帮扶支持；11. 引导扶持农民工返乡创业就业
23	《吉林省人民政府关于加强农村留守儿童关爱保护工作的实施意见》	吉政发〔2016〕34号	到2020年，确保未成年人保护法规和制度体系更加健全，全社会关爱保护儿童的意识普遍增强，儿童成长环境更为改善、安全更有保障，儿童留守现象明显减少	1. 强化家庭监护主体责任；2. 落实县（市、区）、乡镇政府（街道办事处）和村（居）民委员会职责；3. 切实履行民政部门的牵头组织职责；4. 加大教育部门和学校关爱保护力度；5. 发挥群团组织关爱服务优势；6. 推动社会力量积极参与；7. 建立强制报告机制；8. 完善应急处置机制；9. 健全评估帮扶机制；10. 强化监护干预机制；11. 积极推动农民工市民化和子女就地入学；12. 引导扶持农民工返乡创业就业
24	《黑龙江省人民政府关于加强农村留守儿童关爱保护工作的实施意见》	黑政发〔2016〕20号	到2020年，要建立完善与经济社会发展相适应的未成年人社会保护工作体系和运行机制，未成年人保护法规规章和制度体系更加健全，全社会关爱保护儿童的意识普遍增强，留守儿童成长环境更为优化、安全更有保障，儿童留守现象明显减少	1. 落实家庭监护主体责任；2. 明确基层组织主要责任；3. 建立部门协同机制；4. 推动社会各界积极参与；5. 强化政府领导；6. 建立健全强制报告机制；7. 完善应急处置机制；8. 构建评估帮扶机制；9. 强化监护干预机制；10. 推动进城务工人员市民化和子女就地入学；11. 用发展促进外出务工人员返乡创业就业

续表

序号	文件名	文号	目标	主要内容
25	《宁夏回族自治区人民政府关于加强农村留守儿童关爱保护工作的实施意见》	宁政发〔2016〕57号	到2020年，农村留守儿童关爱保护工作体系全面建立，未成年人保护法律法规和制度体系更加健全，家庭、政府、学校尽职尽责，社会力量积极参与，强制报告、应急处置、评估帮扶、监护干预等机制有效运行，留守儿童权益有效保护，侵害事件有效遏制，儿童成长环境更为改善、安全更有保障，儿童留守现象明显减少	1. 认真履行家庭监护主体责任；2. 有效落实政府属地监督责任；3. 加大教育行政部门和学校关爱保护力度；4. 充分发挥群团组织关爱服务作用；5. 积极动员社会力量参与；6. 完善基础工作台账；7. 建立健全强制报告机制；8. 强化应急处置各项措施；9. 做好风险评估和帮扶救助工作；10. 依法主动加强监护干预；11. 推动农民工家庭融入城市生活；12. 为农民工返乡创业就业提供支持
26	《新疆维吾尔自治区贯彻落实国务院关于加强农村留守儿童关爱保护工作意见的实施方案》	新政发〔2016〕121号	到2020年，未成年人保护法律法规和制度体系更加健全，全社会关爱保护儿童的意识普遍增强，儿童成长环境更为改善、安全更有保障，儿童留守现象明显减少	1. 强化家庭监护主体责任；2. 落实县、乡镇人民政府和村（居）民委员会职责；3. 加大教育部门和学校关爱保护力度；4. 发挥群团组织关爱服务优势；5. 推动社会力量积极参与；6. 建立强制报告机制；7. 完善应急处置机制；8. 健全评估帮扶机制；9. 为农民工家庭提供更多帮扶支持；10. 引导扶持农民工返乡创业就业

续表

序号	文件名	文号	目标	主要内容
27	《海南省人民政府关于加强农村留守儿童关爱保护工作的实施意见》	琼府〔2016〕92号	到2020年，未成年人保护制度体系更加健全，全社会关爱保护儿童的意识普遍增强，儿童成长环境明显改善，安全保障水平明显提高，农村儿童留守现象明显减少	1. 加强关爱服务设施建设；2. 加强关爱服务队伍建设；3. 推动农民工均等享受公共服务；4. 支持农民工返乡创业就业；5. 加大兜底保障工作力度；6. 落实家庭监护主体责任；7. 落实市县、乡镇政府和村（居）民委员会属地责任；8. 发挥民政部门的牵头作用；9. 发挥教育部门及学校的阵地作用；10. 发挥公安机关的安全保障作用；11. 发挥相关部门职能作用；12. 推动群团组织和社会力量开展关爱服务；13. 建立健全救助保护机制
28	《西藏自治区人民政府关于加强农村留守儿童关爱保护工作的实施意见》	藏政发〔2016〕77号	农村留守儿童救助保护机制有效运行，侵害农村留守儿童权益的事件得到有效遏制，未成年人保护法规规章和制度体系更加健全，全社会关爱保护儿童意识普遍增强，儿童成长环境更为改善、安全更有保障，儿童留守现象明显减少	1. 落实外来务工人员同城待遇；2. 家庭保护，委托监护人需评估监护能力；3. 属地保护，政府购买服务关爱农村留守儿童；4. 救助保护，随时跟踪及时救助；5. 医疗保护，实行农村留守儿童先诊疗后付费；6. 教育保护，保障农村留守儿童接受义务教育；7. 司法保护，虐待儿童者可申请撤销监护资格

续表

序号	文件名	文号	目标	主要内容
29	《贵州省委、贵州省人民政府关于进一步加强留守儿童困境儿童关爱救助保护工作的实施意见》	黔党办发〔2015〕32号	1. 着力实现“四个全覆盖”。即实现动态监测全覆盖、责任落实全覆盖、教育关爱全覆盖、救助保障全覆盖。2. 努力做到“四个确保”。即确保留守儿童困境儿童人身安全，确保留守儿童困境儿童有饭吃、有衣穿、不孤单，确保留守儿童困境儿童数量逐年减少，确保各项责任和政策措施到位	1. 精准识别关爱对象。按照精准界定、精准排查、精准识别，健全留守儿童困境儿童信息库，建立上下衔接、条块互动的信息监管平台，2015年底前形成省、市、县、乡、村五级联动监管网络，确保精准定位到村、精准识别到户、精准建档到人。2. 精准确定关爱内容。更加注重保障留守儿童困境儿童基本生活，完善城乡低保、慈善关爱、儿童福利等综合性保障措施，健全留守儿童困境儿童各项社会保障制度、社会救助机制和临时救助制度，坚决防止“打了几年工，垮了一代人”现象的发生。3. 精准落实关爱责任。强化家庭监护责任，坚决防止计划外生育和“生而不养、养而不育”“越生越穷、越穷越生”等现象发生。强化学校教管责任，妥善解决好“学生离学校远、学校离家庭远”等问题。强化党委领导和政府救助兜底责任，加快救助关爱基础设施建设。强化社会关爱工作，努力营造全社会关注、关心、关爱留守儿童困境儿童良好氛围。4. 精准制定关爱措施。根据当地实际，鼓励创新工作方式方法，因地制宜出台配套政策措施。同时，用好用足国家有关政策

续表

序号	文件名	文号	目标	主要内容
30	《云南省人民政府关于加强农村留守儿童关爱保护工作的实施意见》	云政发〔2016〕52号	到2020年，努力实现公共服务均等化全覆盖，未成年人保护制度体系更加健全，全社会关爱保护农村留守儿童的意识普遍增强，农村留守儿童成长环境更为改善、安全更有保障，农村留守儿童数量明显减少	1. 强化家庭监护主体责任；2. 强化县、乡两级政府和村（居）民委员会职责；3. 强化教育部门和学校关爱保护力度；4. 强化群团组织关爱服务优势；5. 强化社会力量积极参与；6. 进一步建立健全农村留守儿童救助保护机制；7. 为农民工家庭提供更多帮扶支持；8. 促进农民工返乡创业就业
31	《上海市人民政府关于加强本市农村留守儿童关爱保护工作的实施意见》	沪府发〔2016〕87号	全面建立以家庭切实履行监护职责为基础，政府主导、社会参与的留守儿童关爱服务体系；建立完善强制报告、应急处置、评估帮扶、监护干预等救助保护机制，切实维护和保障留守儿童的各项权益	1. 指导、支持、监督家庭履行监护主体责任；2. 落实区、乡镇政府（街道办事处）和村（居）民委员会属地责任；3. 加大学校关爱保护力度；4. 充分发挥群团组织关爱服务优势；5. 支持引导社会力量积极参与；6. 健全救助保护机制

附录二　调查问卷

农村留守儿童关爱服务调查问卷
（班主任/校长）

为了真实全面地了解农村留守儿童关爱服务的供给和需求情况，我们开展了本次调查，请结合个人实际情况填写。您提供的信息仅供研究参考，课题组将为您严格保密。您的意见相当宝贵，感谢您的参与！

课题组

1. 所在地区：______省 ______市（县）______村（社区），所在学校：______。[填空题]

2. 您的身份是 ______。[单选题]

A. 班主任

B. 校长（请跳至第 4 题）

3. 您所在班级学生的平均年龄为 ______岁。[填空题]

4. 您班级（或学校）共有学生 ______人，其中农村留守儿童 ______人，留守儿童中女生 ______人。[填空题]

5. 您的学历是 ______。[单选题]

A. 中专

B. 大专

C. 本科

D. 研究生及以上

E. 其他

6. 您从教多长时间了？（　　）［单选题］

A. 5 年以下

B. 5~10 年

C. 10 年以上

7. 您是有正式编制的教师吗？（　　）［单选题］

A. 是

B. 不是

8. 与本地其他农村儿童家庭相比，本班级（或本校）农村留守儿童家庭经济状况整体如何？（　　）［单选题］

A. 远好于其他家庭

B. 略好一些

C. 没区别

D. 差一些

E. 差很多

9. 与本地其他农村儿童相比，总的来看，本班级（或本校）农村留守儿童有哪些明显的不同？（　　）［多选题］

A. 没有明显区别

B. 性格内向

C. 自卑，不自信

D. 卫生情况相对较差

E. 健康营养情况相对较差

F. 学习成绩相对较差

G. 其他（请说明）________________

10. 据您了解，本地农村留守儿童“留守”的原因主要有哪些？(　　)［多选题］

A. 父母务工地上不了公立学校

B. 父母务工地上学成本太高

C. 父母没有精力和时间看孩子

D. 父母不重视，认为留守也没什么不好

E. 父母务工地没法参加高考

F. 本地中考有学籍限制

G. 其他（请说明）________________

H. 不清楚

11. 您觉得留守儿童在学习上的主要困难是什么？(　　)［单选题］

A. 逃课辍学

B. 缺少父母的教育和监督

C. 教育设施与教学水平落后

D. 其他（请说明）________________

E. 无

12. 您（或学校教师）有没有对留守儿童进行过特别辅导？(　　)［单选题］

A. 有

B. 没有

13. 您（或学校教师）经常去留守儿童家里家访吗？(　　)［单选题］

A. 经常

B. 有时

C. 没有过

14. 您觉得社会对农村留守儿童的关注多吗？（ ）[单选题]

A. 很多

B. 一般

C. 很少

D. 没有

15. 班级（学校）留守儿童是否遭受过意外伤害？（ ）[单选题]

A. 是（请具体说明）________________

B. 否

16. 班级（学校）留守儿童受到不法侵害等情况下，是否得到紧急安置和帮扶援助？（ ）[单选题]

A. 及时发现并得到妥善处置

B. 发现较晚但得到妥善处置

C. 很少能被发现也得不到妥善处置

D. 没有出现过

17. 班级（学校）留守儿童是否出现过辍学现象？（ ）[单选题]

A. 没有出现过

B. 偶尔出现

C. 很常见，经常出现

18. 您（或学校教师）是否参加过儿童关爱服务相关培训指导？（ ）[单选题]

A. 基本没有

B. 偶尔有过

C. 经常参加

19. 您认为农村留守儿童自身需要哪些支持？（可多选，按重要程度排序）[排序题，请在中括号内依次填入数字]

[ ] 安全保障

[ ] 生活保障

[ ] 卫生健康

[ ] 公共教育

[ ] 心理健康

[ ] 亲情关爱

[ ] 其他（请说明）________________

20. 您认为农村留守儿童需要哪些安全保障支持？（ ）[多选题]

A. 定期走访，开展监测和状况评估

B. 强制报告和应急处置（受暴力伤害等情况下）

C. 安全教育

D. 住宿看护

E. 其他（请说明）________________

F. 与其他儿童一样即可，不需要额外的支持

21. 您认为农村留守儿童需要哪些卫生健康支持？（ ）[多选题]

A. 健康体检

B. 重病留守儿童的医疗救助

C. 重残儿童的护理和康复救助

D. 其他（请说明）________________

E. 与其他儿童一样即可，不需要额外的支持

22. 您认为农村留守儿童需要哪些公共教育支持？（ ）[多选题]

A. 防止失学辍学

B. 城市公立学校平等入学机会

C. 参加随迁地高考

D. 放宽本地中考学籍限制

E. 其他（请说明）________________

F. 上述都不需要

23. 您认为农村留守儿童需要哪些心理健康支持？（　　）[多选题]

A. 心理健康评估与干预疏导

B. 集体活动

C. 其他（请说明）________________

D. 上述都不需要

24. 您认为农村留守儿童家庭需要哪些支持？（可多选，按重要程度排序）[排序题，请在中括号内依次填入数字]

[　] 监护监督

[　] 家庭教育 / 抚养指导

[　] 融入务工地城市的帮扶支持

[　] 返乡就业扶持

[　] 其他（请说明）________________

25. 您认为农村留守儿童家庭需要哪些监护监督支持？（　　）[多选题]

A. 监护评估和督促指导

B. 法治宣传

C. 其他（请说明）________________

D. 上述都不需要

26. 您认为农村留守儿童家庭需要哪些抚养指导支持？（　　）[多选题]

A. 引导父母定期与子女联系、沟通交流

B. 科学育儿指导

C. 增强家庭观念

D. 其他（请说明）________________

E. 上述都不需要

27. 您认为农村留守儿童家庭需要哪些融入城市的帮扶支持？（　　）[多选题]

A. 随迁子女入学升学便利

B. 降低城市上学费用

C. 提供公租房或租赁补贴

D. 其他（请说明）________________

E. 上述都不需要

28. 您认为农村留守儿童家庭需要哪些返乡就业扶持？（　　）[多选题]

A. 提供返乡就业机会

B. 接受技能培训

C. 其他（请说明）________________

D. 上述都不需要

29. 您认为与其他儿童相比，留守儿童是否有明显的不同？如有，具体表现在哪些方面？[填空题]

____

30. 您认为当前农村留守儿童最需要什么？当前的关爱保护服务还存在哪些缺口和短板？[填空题]

____

31. 您对完善农村留守儿童关爱服务有什么建议？[填空题]

____

农村留守儿童关爱服务调查问卷
（儿童主任）

为了真实全面地了解农村留守儿童关爱服务的供给和需求情况，我们开展了本次调查，请结合个人实际情况填写。您提供的信息仅供研究参考，课题组将为您严格保密。您的意见相当宝贵，感谢您的参与！

课题组

1. 所在地区：______省______市（县）____村（社区）。[填空题]
2. 您的身份是______。[单选题]
   A. 儿童主任或儿童专干
   B. 村干部
3. 您的年龄是________岁。[填空题]
4. 是否有儿童主任补贴？（　　）[单选题]
   A. 是（请填写每月补贴金额）________________
   B. 否
5. 您还同时任哪些职务？（　　）[多选题]
   A. 无
   B. 妇女主任
   C. 计生专干
   D. 民政专干（或社保专员）

E. 其他 1（请说明）________________

F. 其他 2（请说明）________________

6. 您的学历是 ________。[单选题]

A. 小学及以下

B. 初中

C. 高中

D. 本科及以上

7. 本村共有 16 岁以下儿童 ______人。[填空题]

8. 本村留守儿童共 ______人，其中女生 ______人，重病重残儿童 ______人，单亲家庭 ______人，接受低保 ______人。[填空题]

9. 本村留守儿童中，0~3 周岁 ______人，4~5 周岁 ______人，6~13 周岁 ______人，14~16 周岁 ______人。[填空题]

10. 与本村其他家庭相比，当地留守儿童家庭经济状况整体如何？（　　）[单选题]

A. 远好于其他家庭

B. 略好一些

C. 没区别

D. 差一些

E. 差很多

11. 与本村其他儿童相比，总的来看，留守儿童有哪些明显的不同？（　　）[多选题]

A. 没有明显区别

B. 性格内向

C. 自卑，不自信

D. 卫生情况相对较差

E. 健康营养情况相对较差

F. 学习成绩相对较差

G. 其他（请说明）________________

12. 据您了解，本地农村留守儿童“留守”的原因主要有哪些？（　　）[多选题]

A. 父母务工地上不了公立学校

B. 父母务工地上学成本太高

C. 父母没有精力和时间看孩子

D. 父母不重视，认为留守也没什么不好

E. 父母务工地没法参加高考

F. 本地中考有学籍限制

G. 其他（请说明）________________

H. 不清楚

13. 村里（社区）是否有留守儿童关爱服务机构？（　　）[单选题]

A. 有（请填写具体名称）________________

B. 没有

14. 县、乡镇或村里是否有开展农村留守儿童帮扶活动？（　　）[单选题]

A. 经常开展

B. 一学期一次或几次

C. 偶尔开展

D. 不开展

15. 您是否对留守儿童家庭进行过定期走访？（　　）[单选题]

A. 基本没有

B. 一月一次

C. 一季度一次

D. 半年一次

E. 一年一次

F. 偶尔有过

16. 是否有志愿者到村里为留守儿童提供帮扶？（　　）[单选题]

A. 经常有

B. 偶尔有

C. 没有

17. 您或村（居）民委员会是否接受过上级部门的留守儿童监护监督政策指导和培训？（　　）[单选题]

A. 是，经常

B. 是，有时

C. 是，偶尔

D. 否

18. 您或村（居）民委员会是否举办过对监护人的法治宣传、监护督促指导等活动？（　　）[单选题]

A. 是，经常

B. 是，有时

C. 是，偶尔

D. 否

19. 本地留守儿童是否遭受过意外伤害？（　　）[单选题]

A. 是（请具体说明）________________

B. 否

20. 本地留守儿童在受到不法侵害等情况下，是否得到紧急安置和帮扶援助？（　　）[单选题]

A. 及时发现并得到妥善处置

B. 发现较晚但得到妥善处置

C. 很少能被发现也得不到妥善处置

D. 没有出现过

21. 本地留守儿童是否出现过辍学现象？（　　）［单选题］

A. 没有出现过

B. 个别现象

C. 比较普遍

22. 您认为在农村留守儿童关爱保护工作中存在的突出困难是什么？（　　）［多选题］

A. 缺经费

B. 缺乏专业人员

C. 缺机构及设施

D. 缺人手

E. 重视不够

F. 家长不负责

G. 相关制度不健全（请说明）________________

H. 其他（请说明）________________

23. 您认为农村留守儿童自身需要哪些支持？（可多选，按重要程度排序）［排序题，请在中括号内依次填入数字］

［　］安全保障

［　］生活保障

［　］卫生健康

［　］公共教育

［　］心理健康

[ ] 亲情关爱

[ ] 其他（请说明）________________

24. 您认为农村留守儿童需要哪些安全保障支持？（　　）[多选题]

A. 定期走访，开展监测和状况评估

B. 强制报告和应急处置（受暴力伤害等情况下）

C. 安全教育

D. 住宿看护

E. 其他（请说明）________________

F. 与其他儿童一样即可，不需要额外的支持

25. 您认为农村留守儿童需要哪些卫生健康支持？（　　）[多选题]

A. 健康体检

B. 重病留守儿童的医疗救助

C. 重残儿童的护理和康复救助

D. 其他（请说明）________________

E. 与其他儿童一样即可，不需要额外的支持

26. 您认为农村留守儿童需要哪些公共教育支持？（　　）[多选题]

A. 防止失学辍学

B. 城市公立学校平等入学机会

C. 参加随迁地高考

D. 放宽本地中考学籍限制

E. 其他（请说明）________________

F. 上述都不需要

27. 您认为农村留守儿童需要哪些心理健康支持？（　　）[多选题]

A. 心理健康评估与干预疏导

B. 集体活动

C. 其他（请说明）________________

D. 上述都不需要

28. 您认为农村留守儿童家庭需要哪些支持？（可多选，按重要程度排序）[排序题，请在中括号内依次填入数字]

[　] 监护监督

[　] 家庭教育 / 抚养指导

[　] 融入务工地城市的帮扶支持

[　] 返乡就业扶持

[　] 其他（请说明）________________

29. 您认为农村留守儿童家庭需要哪些监护监督支持？（　　）[多选题]

A. 监护评估和督促指导

B. 法治宣传

C. 其他（请说明）________________

D. 上述都不需要

30. 您认为农村留守儿童家庭需要哪些抚养指导支持？（　　）[多选题]

A. 引导父母定期与子女联系、沟通交流

B. 科学育儿指导

C. 增强家庭观念

D. 其他（请说明）________________

E. 上述都不需要

31. 您认为农村留守儿童家庭需要哪些融入城市的帮扶支持？（　　）[多选题]

A. 随迁子女入学升学便利

B. 降低城市上学费用

C. 提供公租房或租赁补贴

D. 其他（请说明）________________

E. 上述都不需要

32. 您认为农村留守儿童家庭需要哪些返乡就业扶持？（　　）［多选题］

A. 提供返乡就业机会

B. 接受技能培训

C. 其他（请说明）________________

D. 上述都不需要

33. 您认为与其他儿童相比，留守儿童是否有明显的不同？如有，具体表现在哪些方面？［填空题］

____

34. 您认为当前农村留守儿童最需要什么？当前的关爱保护服务还存在哪些缺口和短板？［填空题］

____

35. 您对完善农村留守儿童关爱服务有什么建议？［填空题］

____

农村留守儿童关爱服务调查问卷
（监护人）

为了真实全面地了解农村留守儿童关爱服务的供给和需求情况，我们开展了本次调查，请结合个人实际情况填写。您提供的信息仅供研究参考，课题组将为您严格保密。您的意见相当宝贵，感谢您的参与！

课题组

1. 所在地区：______省______市（县）______村（社区）。[填空题]
2. 您的年龄是______岁。[填空题]
3. 您的文化程度是______。[单选题]

   A. 没读过书

   B. 小学

   C. 初中

   D. 高中及以上
4. 您是孩子的______。[单选题]

   A. 爷爷 / 奶奶

   B. 外公 / 外婆

   C. 亲戚

   D. 邻居

   E. 父母的朋友

F. 其他（请说明）________________

5. 您照看 ______个孩子，孩子的年龄分别是 ______________岁。［填空题］

6. 您帮忙照看的几个孩子（以下均填写其中留守儿童的情况）的性别分别是什么？［矩阵单选题］

	男孩	女孩
第一个孩子	○	○
第二个孩子	○	○
第三个孩子	○	○

7. 您帮忙照看的孩子的亲兄弟姐妹分别有 ________________人。［填空题］

8. 孩子的父母是否离异？［矩阵单选题］

	是	否
第一个孩子	○	○
第二个孩子	○	○
第三个孩子	○	○

9. 孩子多大时父母双方开始外出打工？［矩阵单选题］

	0~3 周岁	4~5 周岁	6~12 周岁	13~16 周岁
第一个孩子	○	○	○	○
第二个孩子	○	○	○	○
第三个孩子	○	○	○	○

10. 孩子与父母分开生活 / 父母在外打工多长时间了？［矩阵单选题］

	1 年以下	1~3 年	3~5 年	5 年以上
第一个孩子	○	○	○	○
第二个孩子	○	○	○	○
第三个孩子	○	○	○	○

11. 孩子父母多长时间回家一次？[矩阵单选题]

	一年 3 次以上	一年 1~2 次	几年 1 次	其他（请说明）
第一个孩子	○	○	○	○
第二个孩子	○	○	○	○
第三个孩子	○	○	○	○

12. 孩子父母多长时间与孩子联系一次？[矩阵单选题]

	几乎每天	每周至少 1 次	每月至少 1 次	很少联系
第一个孩子	○	○	○	○
第二个孩子	○	○	○	○
第三个孩子	○	○	○	○

13. 孩子父母在外务工每天工作几小时？（　　）[单选题]

A. 8 小时以下

B. 8~10 小时（不含）

C. 10~12 小时（不含）

D. 12 小时及以上

14. 孩子父母外出务工为什么不带着孩子？[矩阵多选题]

	城里上学太贵	城里居住不便	城里生活成本高	孩子父母觉得在家也没什么不好	孩子父母太忙，城里无人照料	城里上学没法参加中高考	其他（请说明）
第一个孩子	□	□	□	□	□	□	□
第二个孩子	□	□	□	□	□	□	□
第三个孩子	□	□	□	□	□	□	□

15. 孩子是否辍过学？[矩阵单选题]

	没有辍过学	偶尔辍学	经常辍学	没有上学	不到上学年纪
第一个孩子	○	○	○	○	○
第二个孩子	○	○	○	○	○
第三个孩子	○	○	○	○	○

16. 孩子是否遭受过意外伤害？[矩阵单选题]

	是（请说明）	否
第一个孩子	○	○
第二个孩子	○	○
第三个孩子	○	○

17. 孩子受到不法侵害等情况下，是否得到紧急安置和帮扶援助？(　　)[单选题]

A. 及时发现并得到妥善处置

B. 发现较晚但得到妥善处置

C. 很少能被发现也得不到妥善处置

D. 没有出现过

18. 孩子是否参加过儿童之家或村里组织的活动？(　　)[单选题]

A. 基本没有

B. 偶尔参加

C. 经常参加

D. 其他（请说明）________________

19. 您家是否有学校老师来家访？（　　）［单选题］

A. 基本没有

B. 一周一次

C. 一月一次

D. 半年一次

E. 一年一次

F. 其他（请说明）________________

20. 您家是否有政府人员或志愿者、社会工作者等来定期走访？（　　）［单选题］

A. 基本没有

B. 一周一次

C. 一月一次

D. 半年一次

E. 一年一次

F. 其他（请说明）________________

21. 政府人员或志愿者、社会工作者是否告诉您或孩子父母怎样更好地照顾孩子？（比如上门告知或集中开会告知等）（　　）［单选题］

A. 基本没有

B. 一季度一次

C. 半年一次

D. 一年一次

E. 其他（请说明）________________

22. 您认为与其他儿童相比，您帮忙照看的孩子是否有明显的不同？如有，具体表现在哪些方面？［填空题］

____

23. 您觉得孩子最需要什么？面临的最大困难是什么？［填空题］

____

24. 您希望得到哪些帮助？［填空题］

____

附录三　相关政策文件

国务院关于加强农村留守儿童关爱保护工作的意见

国发〔2016〕13号

各省、自治区、直辖市人民政府，国务院各部委、各直属机构：

近年来，随着我国经济社会发展和工业化、城镇化进程推进，一些地方农村劳动力为改善家庭经济状况、寻求更好发展，走出家乡务工、创业，但受工作不稳定和居住、教育、照料等客观条件限制，有的选择将未成年子女留在家乡交由他人监护照料，导致大量农村留守儿童出现。农村劳动力外出务工为我国经济建设作出了积极贡献，对改善自身家庭经济状况起到了重要作用，客观上为子女的教育和成长创造了一定的物质基础和条件，但也导致部分儿童与父母长期分离，缺乏亲情关爱和有效监护，出现心理健康问题甚至极端行为，遭受意外伤害甚至不法侵害。这些问题严重影响儿童健康成长，影响社会和谐稳定，各方高度关注，社会反响强烈。进一步加强农村留守儿童关爱保护工作，为广大农村留守儿童健康成长创造更好的环境，是一项重要而紧迫的任务。现提出以下意见：

一、充分认识做好农村留守儿童关爱保护工作的重要意义

留守儿童是指父母双方外出务工或一方外出务工另一方无监护能力、不满十六周岁的未成年人。农村留守儿童问题是我国经济社会发展中的阶段性问题，是我国城乡发展不均衡、公共服务不均等、社会保障不完善等问题的深刻反映。近年来，各地区、各有关部门积极开展农村留守儿童关爱保护工作，对促进广大农村留守儿童健康成长起到了积极作用，但工作中还存在一些薄弱环节，突出表现在家庭监护缺乏监督指导、关爱服务体系不完善、救助保护机制不健全等方面，农村留守儿童关爱保护工作制度化、规范化、机制化建设亟待加强。

农村留守儿童和其他儿童一样是祖国的未来和希望，需要全社会的共同关心。做好农村留守儿童关爱保护工作，关系到未成年人健康成长，关系到家庭幸福与社会和谐，关系到全面建成小康社会大局。党中央、国务院对做好农村留守儿童关爱保护工作高度重视。加强农村留守儿童关爱保护工作、维护未成年人合法权益，是各级政府的重要职责，也是家庭和全社会的共同责任。各地区、各有关部门要充分认识加强农村留守儿童关爱保护工作的重要性和紧迫性，增强责任感和使命感，加大工作力度，采取有效措施，确保农村留守儿童得到妥善监护照料和更好关爱保护。

二、总体要求

（一）指导思想。全面落实党的十八大和十八届二中、三中、四中、五中全会精神，深入贯彻习近平总书记系列重要讲话精神，按照国务院决策部署，以促进未成年人健康成长为出发点和落脚点，坚持依法保护，不断健全法律法规和制度机制，坚持问题导向，强化家庭监护主体责任，加大关爱保护力度，逐步减少儿童留守现象，确保农村留守儿童安全、健康、受教育等权益得到有效保障。

（二）基本原则。

坚持家庭尽责。落实家庭监护主体责任，监护人要依法尽责，在家庭发展中首先考虑儿童利益；加强对家庭监护和委托监护的督促指导，确保农村留守儿童得到妥善监护照料、亲情关爱和家庭温暖。

坚持政府主导。把农村留守儿童关爱保护工作作为各级政府重要工作内容，落实县、乡镇人民政府属地责任，强化民政等有关部门的监督指导责任，健全农村留守儿童关爱服务体系和救助保护机制，切实保障农村留守儿童合法权益。

坚持全民关爱。充分发挥村（居）民委员会、群团组织、社会组织、专业社会工作者、志愿者等各方面积极作用，着力解决农村留守儿童在生活、监护、成长过程中遇到的困难和问题，形成全社会关爱农村留守儿童的良好氛围。

坚持标本兼治。既立足当前，完善政策措施，健全工作机制，着力解决农村留守儿童监护缺失等突出问题；又着眼长远，统筹城乡发展，从根本上解决儿童留守问题。

（三）总体目标。家庭、政府、学校尽职尽责，社会力量积极参与的农村留守儿童关爱保护工作体系全面建立，强制报告、应急处置、评估帮扶、监护干预等农村留守儿童救助保护机制有效运行，侵害农村留守儿童权益的事件得到有效遏制。到2020年，未成年人保护法律法规和制度体系更加健全，全社会关爱保护儿童的意识普遍增强，儿童成长环境更为改善、安全更有保障，儿童留守现象明显减少。

三、完善农村留守儿童关爱服务体系

（一）强化家庭监护主体责任。父母要依法履行对未成年子女的监护职责和抚养义务。外出务工人员要尽量携带未成年子女共同生活或父母一方留家照料，暂不具备条件的应当委托有监护能力的亲属或其他成年人代为监护，不得让不满十六周岁的儿童脱离监护单独居住生活。外出务工人员要与留守未成年子女常联系、多见面，及时了解掌握他们的生活、学习和心理状况，给予更多亲情关爱。父母或受委托监护人不履行监护职责的，村（居）民委员会、公安机关和有关部门要及时予以劝诫、制止；情节严重或造成严重后果的，公安等有关机关要依法追究其责任。

（二）落实县、乡镇人民政府和村（居）民委员会职责。县级人民政府要切实加强统筹协调和督促检查，结合本地实际制定切实可行的农村留守儿童关爱保护政策措施，认真组织开展关爱保护行动，确保关爱保护工作覆盖本行政区域内所有农村留守儿童。乡镇人民政府（街道办事处）和村（居）民委员会要加强对监护人的法治宣传、监护监督和指导，督促其履行监护责任，提高监护能力。村（居）民委员会要定期走访、全面排查，及时掌握农村留守儿童的家庭情况、监护情况、就学情况等基本信息，并向乡镇人民政府（街道办事处）报告；要为农村留守儿童通过电话、视频等方式与父母联系提供便利。乡镇人民政府（街道办事处）要建立翔实完备的农村留守儿童信息台账，一人一档案，实行动态管理、精准施策，为有关部门和社会力量参与农村留守儿童关爱保护工作提供支持；通过党员干部上门家访、驻村干部探访、专业社会工作者随访等方式，对重点对象进行核查，确保农村留守儿童得到妥善照料。县级民政部门及救助管理机构要对乡镇人民政府（街道办事处）、村（居）民委员会开展的监护监督等工作提供政策指导和技术支持。

（三）加大教育部门和学校关爱保护力度。县级人民政府要完善控辍保学部门协调机制，督促监护人送适龄儿童、少年入学并完成义务教育。教育行政部门要落实免费义务教育和教育资助政策，确保农村留守儿童不因贫困而失学；支持和指导中小学校加强心理健康教育，促进学生心理、人格积极健康发展，及早发现并纠正心理问题和不良行为；加强对农村留守儿童相对集中学校教职工的专题培训，着重提高班主任和宿舍管理人员关爱照料农村留守儿童的能力；会同公安机关指导和协助中小学校完善人防、物防、技防措施，加强校园安全管理，做好法治宣传和安全教育，帮助儿童增强防范不法侵害的意识、掌握预防意外伤害的安全常识。中小学校要对农村留守儿童受教育情况实施全程管理，利用电话、家访、家长会等方式加强与家长、受委托监护人的沟通交流，了解农村留守儿童生活情况和思想动态，帮助监护人掌握农村留守儿童学习情况，提升监护人责任意识和教育管理能力；及时了解无故旷课农村留守儿童情况，落实辍学学生登记、劝返复学和书面报告制度，劝返无效的，应书面报告县级教育行政部门和乡镇人民政府，依法采取措施劝返复学；帮助农村留守儿童通过电话、视频等方式加强与父母的情感联系和亲情交流。寄宿制学校要完善教职工值班制度，落实学生宿舍安全管理责任，丰富校园文化生活，引导寄宿学生积极参与体育、艺术、社会实践等活动，增强学校教育吸引力。

（四）发挥群团组织关爱服务优势。各级工会、共青团、妇联、残联、关工委等群团组织要发挥自身优势，积极为农村留守儿童提供假期日间照料、课后辅导、心理疏导等关爱服务。工会、共青团要广泛动员广大职工、团员青年、少先队员等开展多种形式的农村留守儿童关爱服务和互助活动。妇联要依托妇女之家、儿童之家等活动场所，为农村留守儿童和其他儿童提供关爱服务，加强对农村留守儿童父母、受委托监护人的家庭教育指导，引导他们及时关注农村留守儿童身心健康状况，加强亲情关爱。残联要组织开展农村留守残疾儿童康复等工作。关工委要组织动员广大老干部、老战士、老专家、老教师、老模范等离退休老同志，协同做好农村留守儿童的关爱与服务工作。

（五）推动社会力量积极参与。加快孵化培育社会工作专业服务机构、公益慈善类社会组织、志愿服务组织，民政等部门要通过政府购买服务等方式支持其深入城乡社区、学校和家庭，开展农村留守儿童监护指导、心理疏导、行为矫治、社会融入和家庭关系调适等专业服务。充分发挥市场机制作用，支持社会组织、爱心企业依托学校、社区综合服务设施举办农村留守儿童托管服务机构，财税部门要依法落实税费减免优惠政策。

四、建立健全农村留守儿童救助保护机制

（一）建立强制报告机制。学校、幼儿园、医疗机构、村（居）民委员会、社会工作服务机构、救助管理机构、福利机构及其工作人员，在工作中发现农村留守儿童脱离监护单独居住生活或失踪、监护人丧失监护能力或不履行监护责任、疑似遭受家庭暴力、疑似遭受意外伤害或不法侵害等情况的，应当在第一时间向公安机关报告。负有强制报告责任的单位和人员未履行报告义务的，其上级机关和有关部门要严肃追责。其他公民、社会组织积极向公安机关报告的，应及时给予表扬和奖励。

（二）完善应急处置机制。公安机关要及时受理有关报告，第一时间出警调查，有针对性地采取应急处置措施，强制报告责任人要协助公安机关做好调查和应急处置工作。属于农村留守儿童单独居住生活的，要责令其父母立即返回或确定受委托监护人，并对父母进行训诫；属于监护人丧失监护能力或不履行监护责任的，要联系农村留守儿童父母立即返回或委托其他亲属监护照料；上述两种情形联系不上农村留守儿童父母的，要就近护送至其他近亲属、村（居）民委员会或救助管理机构、福利机构临时监护照料，并协助通知农村留守儿童父母立即返回或重新确定受委托监护人。属于失踪的，要按照儿童失踪快速查找机制及时开展调查。属于遭受家庭暴力的，要依法制止，必要时通知并协助民政部门将其安置到临时庇护场所、救助管理机构或者福利机构实施保护；属于遭受其他不法侵害、意外伤害的，要依法制止侵害行为、实施保护；对于上述两种情形，要按照有关规定调查取证，协助其就医、鉴定伤情，为进一步采取干预措施、依法追究相关法律责任打下基础。公安机关要将相关情况及时通报乡镇人

民政府（街道办事处）。

（三）健全评估帮扶机制。乡镇人民政府（街道办事处）接到公安机关通报后，要会同民政部门、公安机关在村（居）民委员会、中小学校、医疗机构以及亲属、社会工作专业服务机构的协助下，对农村留守儿童的安全处境、监护情况、身心健康状况等进行调查评估，有针对性地安排监护指导、医疗救治、心理疏导、行为矫治、法律服务、法律援助等专业服务。对于监护人家庭经济困难且符合有关社会救助、社会福利政策的，民政及其他社会救助部门要及时纳入保障范围。

（四）强化监护干预机制。对实施家庭暴力、虐待或遗弃农村留守儿童的父母或受委托监护人，公安机关应当给予批评教育，必要时予以治安管理处罚，情节恶劣构成犯罪的，依法立案侦查。对于监护人将农村留守儿童置于无人监管和照看状态导致其面临危险且经教育不改的，或者拒不履行监护职责六个月以上导致农村留守儿童生活无着的，或者实施家庭暴力、虐待或遗弃农村留守儿童导致其身心健康严重受损的，其近亲属、村（居）民委员会、县级民政部门等有关人员或者单位要依法向人民法院申请撤销监护人资格，另行指定监护人。

五、从源头上逐步减少儿童留守现象

（一）为农民工家庭提供更多帮扶支持。各地要大力推进农民工市民化，为其监护照料未成年子女创造更好条件。符合落户条件的要有序推进其本人及家属落户。符合住房保障条件的要纳入保障范围，通过实物配租公共租赁住房或发放租赁补贴等方式，满足其家庭的基本居住需求。不符合上述条件的，要在生活居住、日间照料、义务教育、医疗卫生等方面提供帮助。倡导用工单位、社会组织和专业社会工作者、志愿者队伍等社会力量，为其照料未成年子女提供便利条件和更多帮助。公办义务教育学校要普遍对农民工未成年子女开放，要通过政府购买服务等方式支持农民工未成年子女接受义务教育；完善和落实符合条件的农民工子女在输入地参加中考、高考政策。

（二）引导扶持农民工返乡创业就业。各地要大力发展县域经济，落实国务院关于支持农民工返乡创业就业的一系列政策措施。中西部地区要充分发挥比较优势，积极承接东部地区产业转移，加快发展地方优势特色产业，加强基本公共服务，制定和落实财政、金融等优惠扶持政策，落实定向减税和普遍性降费政策，为农民工返乡创业就业提供便利条件。人力资源社会保障等有关部门要广泛宣传农民工返乡创业就业政策，加强农村劳动力的就业创业技能培训，对有意愿就业创业的，要有针对性地推荐用工岗位信息或创业项目信息。

六、强化农村留守儿童关爱保护工作保障措施

（一）加强组织领导。各地要将农村留守儿童关爱保护工作纳入重要议事日程，建立健全政府领导，民政部门牵头，教育、公安、司法行政、卫生计生等部门和妇联、共青团等群团组织参加的农村留守儿童关爱保护工作领导机制，及时研究解决工作中的重大问题。民政部要牵头建立农村留守儿童关爱保护工作部际联席会议制度，会同有关部门在 2016 年上半年开展一次全面的农村留守儿童摸底排查，依托现有信息系统完善农村留守儿童信息管理功能，健全信息报送机制。各级妇儿工委和农民工工作领导小组要将农村留守儿童关爱保护作为重要工作内容，统筹推进相关工作。各地民政、公安、教育等部门要强化责任意识，督促有关方面落实相关责任。要加快推动完善未成年

人保护相关法律法规，进一步明确权利义务和各方职责，特别要强化家庭监护主体责任，为农村留守儿童关爱保护工作提供有力法律保障。

（二）加强能力建设。统筹各方资源，充分发挥政府、市场、社会的作用，逐步完善救助管理机构、福利机构场所设施，满足临时监护照料农村留守儿童的需要。加强农村寄宿制学校建设，促进寄宿制学校合理分布，满足农村留守儿童入学需求。利用现有公共服务设施开辟儿童活动场所，提供必要托管服务。各级财政部门要优化和调整支出结构，多渠道筹措资金，支持做好农村留守儿童关爱保护工作。各地要积极引导社会资金投入，为农村留守儿童关爱保护工作提供更加有力的支撑。各地区、各有关部门要加强农村留守儿童关爱保护工作队伍建设，配齐配强工作人员，确保事有人干、责有人负。

（三）强化激励问责。各地要建立和完善工作考核和责任追究机制，对认真履责、工作落实到位、成效明显的，要按照国家有关规定予以表扬和奖励；对工作不力、措施不实、造成严重后果的，要追究有关领导和人员责任。对贡献突出的社会组织和个人，要适当给予奖励。

（四）做好宣传引导。加强未成年人保护法律法规和政策措施宣传工作，开展形式多样的宣传教育活动，强化政府主导、全民关爱的责任意识和家庭自觉履行监护责任的法律意识。建立健全舆情监测预警和应对机制，理性引导社会舆论，及时回应社会关切，宣传报道先进典型，营造良好社会氛围。

各省（区、市）要结合本地实际，制定具体实施方案。对本意见的执行情况，国务院将适时组织专项督查。

国务院

2016年2月4日

关于进一步健全农村留守儿童和困境儿童关爱服务体系的意见

民发〔2019〕34号

各省、自治区、直辖市民政厅（局）、教育厅（教委）、公安厅（局）、司法厅（局）、财政厅（局）、人力资源社会保障厅（局）、妇儿工委办、团委、妇联、残联，各计划单列市民政局、教育局、公安局、司法局、财政局、人力资源社会保障局、妇儿工委办、团委、妇联、残联，新疆生产建设兵团民政局、教育局、公安局、司法局、财务局、人力资源社会保障局、妇儿工委办、团委、妇联、残联：

为深入学习贯彻习近平新时代中国特色社会主义思想，全面贯彻党的十九大和十九届二中、三中全会精神，认真落实习近平总书记关于民生民政工作的重要论述，牢固树立以人民为中心的发展思想，扎实推动《国务院关于加强农村留守儿童关爱保护工作的意见》（国发〔2016〕13号）和《国务院关于加强困境儿童保障工作的意见》（国发〔2016〕36号）落到实处，现就进一步健全农村留守儿童和困境儿童关爱服务体系提出如下意见：

一、提升未成年人救助保护机构和儿童福利机构服务能力

（一）明确两类机构功能定位。未成年人救助保护机构是指县级以上人民政府及其民政部门根据需要设立，对生活无着的流浪乞讨、遭受监护侵害、暂时无人监护等未成年人实施救助，承担临时监护责任，协助民政部门推进农村留守儿童和困境儿童关爱服务等工作的专门机构，包括按照事业单位法人登记的未成年人保护中心、未成年人救助保护中心和设有未成年人救助保护科（室）的救助管理站，具体职责见附件 1。儿童福利机构是指民政部门设立的，主要收留抚养由民政部门担任监护人的未满 18 周岁儿童的机构，包括按照事业单位法人登记的儿童福利院、设有儿童部的社会福利院等。各地要采取工作试点、业务培训、定点帮扶、结对互学等多种方式，支持贫困地区尤其是“三区三州”等深度贫困地区未成年人救助保护机构、儿童福利机构提升服务能力。

（二）推进未成年人救助保护机构转型升级。要对照未成年人救助保护机构职责，健全服务功能，规范工作流程，提升关爱服务能力。各地已设立流浪未成年人救助保护机构的，要向未成年人救助保护机构转型。县级民政部门尚未建立未成年人救助保护机构的，要整合现有资源，明确救助管理机构、儿童福利机构等具体机构承担相关工作。县级民政部门及未成年人救助保护机构要对乡镇人民政府（街道办事处）、村（居）民委员会开展监护监督等工作提供政策指导和技术支持。未成年人救助保护机构抚养照料儿童能力不足的，可就近委托儿童福利机构代为养育并签订委托协议。

（三）拓展儿童福利机构社会服务功能。各地要因地制宜优化儿童福利机构区域布局，推动将孤儿数量少、机构设施差、专业力量弱的县级儿童福利机构抚养的儿童向地市级儿童福利机构移交。已经将孤儿转出的县级儿童福利机构，应当设立儿童福利指导中心或向未成年人救助保护机构转型，探索开展农村留守儿童、困境儿童、散居孤儿、社会残疾儿童及其家庭的临时照料、康复指导、特殊教育、精神慰藉、定期探访、宣传培训等工作。鼓励有条件的地市级以上儿童福利机构不断拓展集养、治、教、康于一体的社会服务功能，力争将儿童福利机构纳入定点康复机构，探索向贫困家庭残疾儿童开放。

二、加强基层儿童工作队伍建设

（一）加强工作力量。坚持选优配强，确保有能力、有爱心、有责任心的人员从事儿童关爱保护服务工作，做到事有人干、责有人负。村（居）民委员会要明确由村（居）民委员会委员、大学生村官或者专业社会工作者等人员负责儿童关爱保护服务工作，优先安排村（居）民委员会女性委员担任，工作中一般称为“儿童主任”；乡镇人民政府（街道办事处）要明确工作人员负责儿童关爱保护服务工作，工作中一般称为“儿童督导员”。

（二）加强业务培训。各级民政部门要按照“分层级、多样化、可操作、全覆盖”的要求组织开展儿童工作业务骨干以及师资培训。原则上，地市级民政部门负责培训到儿童督导员，县级民政部门负责培训到儿童主任，每年至少轮训一次，初任儿童督导员和儿童主任经培训考核合格后方可开展工作。培训内容要突出儿童督导员职责（见附件2）、儿童主任职责（见附件3），突出家庭走访、信息更新、强制报告、政策链接、强化家庭监护主体责任及家庭教育等重点。各地要加大对贫困地区培训工作的支持力度，做到培训资金重点倾斜、培训对象重点考虑、培训层级适当下延。

（三）加强工作跟踪。各地要建立和完善儿童督导员、儿童主任工作跟踪机制，对认真履职、工作落实到位、工作成绩突出的予以奖励和表扬，并纳入有关评先评优表彰奖励推荐范围；对工作责任心不强、工作不力的及时作出调整。各地要依托全国农村留守儿童和困境儿童信息管理系统，对儿童督导员、儿童主任实行实名制管理，并及时录入、更新人员信息。

三、鼓励和引导社会力量广泛参与

（一）培育孵化社会组织。各地民政部门及未成年人救助保护机构要通过政府委托、项目合作、重点推介、孵化扶持等多种方式，积极培育儿童服务类的社会工作服务机构、公益慈善组织和志愿服务组织。要支持相关社会组织加强专业化、精细化、精准化服务能力建设，提高关爱保护服务水平，为开展农村留守儿童、困境儿童等工作提供支持和服务。要在场地提供、水电优惠、食宿保障、开通未成年人保护专线电话等方面提供优惠便利条件。要统筹相关社会资源向深度贫困地区倾斜，推动深度贫困地区儿童服务类社会组织发展。

（二）推进政府购买服务。各地要将农村留守儿童关爱保护和困境儿童保障纳入政府购买服务指导性目录，并结合实际需要做好资金保障，重点购买走访核查、热线运行、监护评估、精准帮扶、政策宣传、业务培训、家庭探访督导检查等关爱服务。要加大政府购买心理服务类社会组织力度，有针对性地为精神关怀缺失、遭受家庭创伤等儿童提供人际调适、精神慰藉、心理疏导等专业性关爱服务，促进身心健康。引导承接购买服务的社会组织优先聘请村（居）儿童主任协助开展上述工作，并适当帮助解决交通、通讯等必要费用开支。全国青年志愿服务入库优秀项目可优先纳入政府购买服务有关工作支持范围。

（三）发动社会各方参与。支持社会工作者、法律工作者、心理咨询工作者等专业人员，针对农村留守儿童和困境儿童不同特点，提供心理疏导、亲情关爱、权益维护等服务。动员引导广大社会工作者、志愿者等力量深入贫困地区、深入贫困服务对象提供关爱服务。积极倡导企业履行社会责任，通过一对一帮扶、慈善捐赠、实施公益项目等多种方式，重点加强贫困农村留守儿童和困境儿童及其家庭救助帮扶，引导企业督促员工依法履行对未成年子女的监护责任。

四、强化工作保障

（一）加强组织领导。各地要积极推进农村留守儿童和困境儿童关爱服务体系建设，将其纳入重要议事日程和经济社会发展等规划，纳入脱贫攻坚和全面建设小康社会大局，明确建设目标，层层分解任务，压实工作责任。要调整健全省、市、县农村留守儿童关爱保护和困境儿童保障工作领导协调机制，加强统筹协调，推动解决工作中的重点难点问题。要加大贫困地区农村留守儿童和困境儿童关爱服务体系建设支持力度，帮助深度贫困地区解决特殊困难和薄弱环节，尽快补齐短板，提升服务水平，推动各项工作落到实处。

（二）提供资金支持。各级财政部门要结合实际需要，做好农村留守儿童和困境儿童关爱服务经费保障。要统筹使用困难群众救助补助等资金，实施规范未成年人社会保护支出项目。民政部本级和地方各级政府用于社会福利事业的彩票公益金，要逐步提高儿童关爱服务使用比例。要加大对贫困地区儿童工作的支持力度，各地分配各类有关资金时要充分考虑贫困地区未成年人救助保护机构数量、农村留守儿童和困境儿童等服务对象数量，继续将“贫困发生率”和财政困难程度系数作为重要因素，向贫困地区倾斜并重点支持“三区三州”等深度贫困地区开展儿童关爱服务工作。

（三）密切部门协作。民政部门要充分发挥牵头职能，会同有关部门推进农村留守儿童和困境儿童关爱服务体系建设。公安部门要及时受理有关报告，第一时间出警、求助，依法迅速处警，会同、配合有关方面调查，有针对性地采取应急处置措施，依法追究失职父母或侵害人的法律责任，严厉惩处各类侵害农村留守儿童和困境儿童的犯罪行为，按政策为无户籍儿童办理入户手续。教育部门要强化适龄儿童控辍保学、教育资助、送教上门、心理教育等工作措施，为机构内的困境儿童就近入学提供支持，对有特殊困难的农村留守儿童和困境儿童优先安排在校住宿。司法行政部门要依法为农村留守儿童和困境儿童家庭申请提供法律援助，推动落实“谁执法谁普法”责任制，加强农村留守儿童和困境儿童关爱服务相关法律法规宣传。人力资源社会保障部门要推动落实国务院关于支持农民工返乡创业就业系列政策措施，加强农村劳动力就业创业培训。妇儿工委办公室要督促各级地方人民政府落实儿童发展纲要要求，做好农村留守儿童关爱保护和困境儿童保障工作。共青团组织要会同未成年人救助保护机构开通12355未成年人保护专线，探索“一门受理、协同处置”个案帮扶模式，联动相关部门提供线上线下服务。妇联组织要发挥妇女在社会生活和家庭生活中的独特作用，将倡导家庭文明、强化家庭监护主体责任纳入家庭教育工作内容，引导家长特别是新生代父母依法履责；要充分发挥村（居）妇联组织作用，加强对农村留守儿童和困境儿童的关爱帮扶服务。残联组织要积极维护残疾儿童权益，大力推进残疾儿童康复、教育服务，提高康复、教育保障水平。

（四）严格工作落实。各地民政部门要建立农村留守儿童和困境儿童关爱服务体系建设动态跟踪机制，了解工作进度，总结推广经验，完善奖惩措施。对工作成效明显的，要按照有关规定予以表扬和奖励；对工作不力的，要督促整改落实。要将农村留守儿童和困境儿童关爱服务体系建设纳入年度重点工作考核评估的重要内容强化落实。

附件：1. 未成年人救助保护机构工作职责

2. 儿童督导员工作职责

3. 儿童主任工作职责

民政部 教育部 公安部

司法部 财政部 人力资源社会保障部

国务院妇儿工委办公室 共青团中央

全国妇联 中国残联

2019年4月30日

附件1 未成年人救助保护机构工作职责

未成年人救助保护机构在本级民政部门领导下，组织开展以下工作：

1. 负责对生活无着的流浪乞讨、遭受监护侵害、暂时无人监护等未成年人实施救助，承担临时监护责任。

2. 负责定期分析评估本地区农村留守儿童关爱保护和困境儿童保障工作情况，有针对性地制定工作计划和工作方案。

3. 负责为乡镇人民政府（街道办事处）、村（居）民委员会开展的监护监督等工作提供政策指导和技术支持，为乡镇人民政府（街道办事处）推进农村留守儿童关爱保护和困境儿童保障工作提供政策支持。

4. 负责指导开展农村留守儿童和困境儿童基本信息摸底排查、登记建档和动态更新。

5. 负责协调开通未成年人保护专线，协调推进监护评估、个案会商、服务转介、技术指导、精神关怀等线上线下服务，针对重点个案组织开展部门会商和帮扶救助。

6. 负责组织或指导开展儿童督导员、儿童主任业务培训。

7. 负责支持引进和培育儿童类社会组织、招募志愿者或发动其他社会力量参与农村留守儿童关爱保护和困境儿童保障工作，并为其开展工作提供便利。

8. 负责组织开展农村留守儿童、困境儿童、散居孤儿等未成年人保护政策宣传。

9. 负责对流浪儿童、困境儿童、农村留守儿童等未成年人依法申请、获得法律援助提供支持。

10. 负责协助司法部门打击拐卖儿童、对儿童实施家暴以及胁迫、诱骗或利用儿童乞讨等违法犯罪行为。

附件 2　儿童督导员工作职责

儿童督导员在乡镇人民政府（街道办事处）领导和上级民政部门指导下，组织开展以下工作：

1. 负责推进农村留守儿童关爱保护和困境儿童保障等工作，制定有关工作计划和工作方案。

2. 负责儿童主任管理，做好选拔、指导、培训、跟踪、考核等工作。

3. 负责农村留守儿童、困境儿童、散居孤儿等信息动态更新，建立健全信息台账。

4. 负责指导儿童主任加强对困境儿童、农村留守儿童、散居孤儿的定期走访和重点核查，做好强制报告、转介帮扶等事项。

5. 负责指导村（居）民委员会做好儿童关爱服务场所建设与管理。

6. 负责开展农村留守儿童、困境儿童、散居孤儿等未成年人保护政策宣传。

7. 负责协调引进和培育儿童类社会组织、招募志愿者或发动其他社会力量参与儿童工作。

8. 负责协助做好农村留守儿童、困境儿童、散居孤儿社会救助、精神慰藉等关爱服务工作。

附件 3 儿童主任工作职责

儿童主任在乡镇人民政府（街道办事处）、村（居）民委员会指导下，组织开展以下工作：

1. 负责做好农村留守儿童关爱保护和困境儿童保障日常工作，定期向村（居）民委员会和儿童督导员报告工作情况。

2. 负责组织开展信息排查，及时掌握农村留守儿童、困境儿童和散居孤儿等服务对象的生活保障、家庭监护、就学情况等基本信息，一人一档案，及时将信息报送乡镇人民政府（街道办事处）并定期予以更新。

3. 负责指导监护人和受委托监护人签订委托监护确认书，加强对监护人（受委托监护人）的法治宣传、监护督导和指导，督促其依法履行抚养义务和监护职责。

4. 负责定期随访监护情况较差、失学辍学、无户籍以及患病、残疾等重点儿童，协助提供监护指导、精神关怀、返校复学、落实户籍等关爱服务，对符合社会救助、社会福利政策的儿童及家庭，告知具体内容及申请程序，并协助申请救助。

5. 负责及时向公安机关及其派出机构报告儿童脱离监护单独居住生活或失踪、监护人丧失监护能力或不履行监护责任、疑似遭受家庭暴力或不法侵害等情况，并协助为儿童本人及家庭提供有关支持。

6. 负责管理村（居）民委员会儿童关爱服务场所，支持配合相关部门和社会力量开展关爱服务活动。

关于劳动密集型企业进一步加强农村留守儿童和困境儿童关爱服务工作的指导意见

民发〔2019〕116号

各省、自治区、直辖市民政厅（局）、国资委、总工会、团委、妇联、工商联，新疆生产建设兵团民政局、国资委、总工会、团委、妇联、工商联，有关中央企业：

党中央、国务院高度重视农村留守儿童和困境儿童关爱服务工作，作出了一系列重大决策部署。劳动密集型企业用工量大且农村务工人员高度集中，教育引导支持务工父母强化家庭监护主体责任，采取多种方式关心关爱农村留守儿童和困境儿童，对提升企业职工素质、增强企业凝聚力、履行企业社会责任、提升企业形象，更好维护农村留守儿童和困境儿童基本权益，具有重要意义。为进一步促进广大劳动密集型企业教育引导务工父母切实强化责任意识，依法履行对未成年子女的监护职责和抚养义务，进一步做好农村留守儿童和困境儿童关爱服务工作，现提出如下意见。

一、总体要求

（一）指导思想。以习近平新时代中国特色社会主义思想为指导，全面贯彻党的十九大和十九届二中、三中、四中全会精神，牢固树立以人民为中心的发展思想，推动劳动密集型企业落实《国务院关于加强农村留守儿童关爱保护工作的意见》（国发〔2016〕13号）和《国务院关于加强困境儿童保障工作的意见》（国发〔2016〕36号）有关要求，切实做好广大农村留守儿童和困境儿童关爱服务工作。

（二）基本原则。坚持围绕中心、服务大局，助力打赢脱贫攻坚战和实施乡村振兴战略；坚持履行企业社会责任与促进企业发展相结合，推进企业文化建设，增进务工人员家庭和谐；坚持儿童利益最大化，全方位维护儿童合法权益。

（三）目标任务。劳动密集型企业务工人员家庭监护主体责任意识进一步增强，农村留守儿童和困境儿童监护质量有效提高，实现"挣钱"与"顾家"两不误；企业履行社会责任意识进一步增强，职工素质和企业形象双提升，经济效益与社会效益双促进。

二、主要内容

（一）开展专题宣讲。劳动密集型企业要通过开展专题宣讲等方式加强对务工人员家庭监护主体责任的教育引导。强化政策引导，深入工厂、工地、职工宿舍等场所，通过开办家长学校、现场宣讲、座谈交流、录制专题宣传片、发放宣传手册等多种方式，宣扬中华民族传统家庭美德，引导务工人员依法履行对未成年子女的监护职责和抚养义务；结合劳务用工基地建设，向监护人和受委托监护人宣讲儿童优先理念，宣讲促进儿童发展保护相关法律、法规、政策及正确的监护方法，引导其提高监护能力。强化家庭责任教育，通过开展家风家教巡讲进企业等活动，增强家长监护主体责任意识，为促进孩子健康成长营造良好的家庭环境。突出沟通技巧，通过专家授课、集中培训、在线学习等方式，帮助务工人员掌握亲子沟通技巧方法，提高亲情关爱能力，做到亲情关爱不因外出务工而减弱。组建宣讲团队，借鉴现有企业成功经验模式，发动企业内部干部职工、务工人员和志愿者，打造一支素质高、政策精、热情高、服务好的政策宣讲团队，积极组织政策宣讲。探索推进将监督务工人员依法履行监护职责、务工人员承诺履行监护职责纳入职工诚信体系建设。

（二）加强亲情关爱。劳动密集型企业要进一步关心关爱务工人员及其子女，在企业发展的同时，不断改善务工人员的工作和生活条件，为他们履行家庭责任提供更大支持。有条件的企业要通过开发社会工作岗位，购买社会工作服务等形式，引入专业社会工作者为务工人员及其子女提供心理疏导、能力提升、社会融入等服务。有条件的企业，要通过设立亲情电话、亲情视频聊天室以及赠送免费通话时长、流量等方式，为务工人员加强与留守未成年子女的联系沟通提供支持，使其能够及时了解孩子的生活、学习和心理状况。在春节、国庆等重要节假日以及暑假期间，通过协调有关部门提供购买车票等便利、开展“小候鸟关爱”、组织反探亲等活动，为务工父母和留守子女团聚创造条件，号召家长尽量在假期多陪伴孩子、增进亲子感情。有条件的企业可逐步将产业向中西部地区转移，推动务工人员返乡创业、就近就业。

（三）组织困难帮扶。劳动密集型企业要加大对有农村留守儿童和困境儿童的困难职工家庭的帮扶力度，加强困难救助和人文关怀，逐步建立长效帮扶机制，实现帮扶工作的常态化、制度化和规范化。努力打造一批关爱服务农村留守儿童和困境儿童的品牌公益项目或示范慈善项目，为农村留守儿童和困境儿童提供持续、稳定的关爱服务。要结合脱贫攻坚和乡村振兴战略，结合企业劳务基地建设，重点关注贫困地区、偏远山区特别是“三区三州”等深度贫困地区的农村留守儿童和困境儿童生活状况，通过结对帮扶、慈善救助、实施公益项目等多种方式为困难职工家庭及其子女提供更多支持和帮助。

三、工作措施

（一）明确职责分工。各级民政部门要充分发挥农村留守儿童关爱保护和困境儿童保障工作领导协调机制作用，将劳动密集型企业关心关爱农村留守儿童和困境儿童纳入重点工作内容统筹谋划；要会同国资委、工商联等部门和单位认真梳理本地区劳动密集型企业，建立企业名册，完善工作机制，通过定期会商、建立工作群等方式加强沟通对接，并及时将企业名册及工作对接方式等信息告知工会、共青团、妇联等单位，便于工作开展；要主动提供关爱服务的重点区域、重点对象、重点项目，主动提供宣讲政策和关爱服务相关资料，为企业开展精准关爱服务提供信息指引。各级国资委、工商联要主动与当地民政部门对接，并指导劳动密集型国有企业、私营企业等健全工作体系，落实相关责任，推进开展相关工作。劳动密集型企业要充分发挥党组织的政治核心作用，将农村留守儿童和困境儿童关爱服务工作列入企业党的建设、企业文化建设范围统筹谋划部署，并明确具体负责部门和负责人。各级工会、共青团、妇联组织要指导劳动密集型企业工会、共青团、妇女组织，广泛动员广大职工、团员青年、务工妇女争当宣讲志愿者、争做依法履行监护职责模范，组织开展多种形式的关爱服务和互助活动，协同做好农村留守儿童和困境儿童关爱服务工作。

（二）加强资源整合。民政部门要发挥在慈善组织登记管理、慈善项目推介等方面的职能作用，对符合条件的关爱服务成效显著的企业优先纳入各级慈善表彰推荐范围。劳动密集型企业要加强与各级民政、国资委、工商联等部门工作会商，有条件的企业可研究设立“关心关爱农村留守儿童和困境儿童专项基金”，进一步完善服务平台，为有需求的对象及时提供精准救助、有效帮扶。工会、共青团、妇联组织要充分挖掘自身优势，动员团体会员、社会组织以及各类志愿者队伍等社会力量，广泛开展适合农村留守儿童和困境儿童特点的关爱、维权、帮扶等服务。

（三）加强宣传引导。各级民政、国资委、工商联等部门和单位要及时组织开展农村留守儿童和困境儿童关爱服务工作表扬奖励活动，企业要积极推荐优秀集体和个人，推送各类优秀项目、典型事例。各级民政、国资委、工会、团委、妇联、工商联等要加强信息交流和报送，及时推广好经验、好做法，协调报刊、广播、电视、网络加大对劳动密集型企业关爱服务农村留守儿童和困境儿童的宣传报道力度，营造良好氛围。

民政部　国资委　全国总工会

共青团中央　全国妇联　全国工商联

2019 年 11 月 20 日